微明史

微博体明史

黄 波 著

南方日报出版社
NANFANG DAILY PRESS

图书在版编目（CIP）数据

微明史 / 黄波著. -- 广州 : 南方日报出版社, 2012.5
ISBN 978-7-5491-0377-5

Ⅰ. ①微… Ⅱ. ①黄… Ⅲ. ①中国历史－明代－通俗读物 Ⅳ. ①K248.09

中国版本图书馆 CIP 数据核字(2012)第 097690 号

微明史 黄波 著

出版发行：南方日报出版社
地　　址：广州市广州大道中 289 号
电　　话：（020）83000502
经　　销：全国新华书店
印　　刷：广州市怡升印刷有限公司
开　　本：787mm×1092mm　1/32
印　　张：6.25
字　　数：200 千字
印　　数：1-6000 册
版　　次：2012 年 5 月第 1 版
印　　次：2012 年 5 月第 1 次印刷
定　　价：22.00 元

投稿热线：（020）83000503　读者热线：（020）83000502

网址：http://www.nfdailypress.com/

目录

第三章　社会文化之变迁 / 101

序言　用段子写历史

微博之横空出世，大概要算我们此时代的一个特征。微文本的写作与阅读，已经快成一种无法抗拒的趋势。

而拿微博来与历史结合，除了时代特征激发下的“灵机一动”之外，也含有对宏大叙事传统的反叛心理。历史未尝不可以微观，某个历史人物的片言只语，某个惊天事件中的细枝末节，某件家常物事的演变历程，以微观的史笔凸显，可窥社会变迁，可撄现代人心，均可称为大历史。

至于特地截取明史这一段来作微博式的文体试验，原因也简单得很，一是个人相对熟悉，举凡《明史》、《明通鉴》乃至野史笔记和今人研究明史之经典，稍有涉猎，二是明史在中国历史中具有特异性。钱穆先生认为，一部中国史，并不能笼统称为一部皇帝专制独裁的历史。这一观点曾被很多人认为是对中国传统政治的美化，大加讥评。其实批评钱穆者并没有透彻了解其意见，钱氏在《中国历代政治得失》一书中已经说得很清楚：“倘使我们说，中国传统政治是专制的，政府由一个皇帝来独裁，这一说法，用来讲明清两代是不差的。”按钱氏之意，唯有到了明代，中国才攀上了集权政治的高峰。一部中国史，明史的最大特异性，或在此乎？

如果套用事事古已有之的滥调，不妨说，用段子写史也是古人的创造，历代笔记，几乎无所不然，就中最杰出者，如《世说新语》、《宋人轶事汇编》，其颊上添毫之手段，实令今人叹为观止。但古人这一类著述，旨趣一般都相对单一，或偏于人物或注重典章，历史的整体感往往无可寻觅，所以我们常常看到一个盖棺论定的坏蛋，《世说新语》的作者却在大加赞美。这当然非古人之咎，盖著述自有体例，他们对历史整体的观照，另有专门著作也。

现在我既以微博体来写明史，自然首先要注意微博的特点，每个段子中尽量有一点机锋，至少可读，同时全书也不得不追求一种整体感，即必须能够回答读者一个基本问题：明朝是个什么样的时代？

合而论之，一部“微明史”，一要好玩，二要靠谱。职是之故，其中之材料，多取资于正史，偶从野史笔记中撷取，也努力选择信而有征者。初衷如此，结果怎样？袭古人之成语，“是在阅者矣”。

第一章　洪武朝：一个人的“盛世”

他从草莽中崛起，一手结束了元末战乱，可是他在战后对江浙地区经济上的盘剥、政治上的高压、文化上的歧视，却使当地人民在摆脱战乱之后，又陷入了新的痛苦；他重建了强大的国家机器，可是在其治下，君权的肆意扩张侵蚀着官僚机构的正常作用，更对传统政治文化的发展带来了极坏的影响；他对农民有朴素的感情，推行重农政策富有成效，可是由于他的历史视界过于狭隘，对因工商业发展而产生的社会变动有一种强烈的恐惧和仇视，始终把人民牢牢绑在土地上，坚持厚本抑末，排斥工商业活动，从而阻碍了商品经济的发展，束缚着整个社会的活力……朱元璋留下的历史遗产沉重而复杂。

朱元璋之崛起

朱升，安徽老儒，元末弃官隐居。元璋军起，下徽州，问方略，时元璋羽毛未丰，朱升即献三策，曰“高筑墙，广积粮，缓称王”。元璋叹服。

元末群雄并起，盘踞江西之陈友谅与横行江浙之张士诚为元璋两大劲敌。先灭陈还是灭张？元璋幕僚各执一词。元璋曰：“友谅志骄，士诚器小，志骄则好生事，器小则无远图”，先攻友谅，士诚贪图自保，如果先攻士诚，友谅必借机袭我，吾腹背受敌矣。遂定“先陈后张”之计。后来演变果如其言。能够精准地分析自己的敌人，堪为元璋崛起之一大奥秘。

元璋与陈友谅战，俘获甚多，元璋择骁勇者五百人置麾下，五百壮士“疑惧不自安”，至暮，元璋用其换下了自己原来的护卫，然后解甲酣寝达旦。壮士们感激涕零地说：既不杀我，又以心腹待我，当竭忠而报！此不过是英雄之故伎，昔汉高祖刘邦、光武帝刘秀用来收买人心，即已屡试不爽。然而“酣寝”的英雄们是否真的全无戒备？史书失载，谁愿意相信谁相信去。

少年共游乐的兄弟邵荣在元璋初起兵时就跟随他，屡建奇功，突然据称“有异志”。《明史·太祖本纪》中说：元璋欲赦之，可大将常遇春不干了，放言人臣造反最有悖于大义，如果宽免他，我决不与不讲大义者“共生”，元璋不得已，“乃饮荣酒，流涕而戮之”。这样的好戏当然不是费神为即将消失的邵荣而演。

元璋讨伐张士诚檄文中说：“凡尔百姓，果能安业不动，即我良民，旧有田产房舍，仍前为主，依额纳粮。”现代史学家们都说这是元璋取消阶级斗争、政权变质的标志，因为他承诺维护现有秩序。看来在史学家们眼里，天下大乱还是乱得彻底才好。

各朝实录多载君王之嘉言懿行，花团锦簇端看如何读法也。《明太祖实录》尝记，元璋初起时，偶于军营外见一童，上前询问，原来其父母均为元璋军所征用，孩童无地可去。元璋遂许被掳掠到军中的夫妇团聚，民皆感戴云云。此乃典型的“反面文章正面做”。

“玩偶”小明王

以小明王为号召的红巾军（韩宋政权）一度声势极盛，几乎所有造反武装都自称隶属于红巾军系列，元璋最早效命的郭子兴的部队也不例外。子兴死，韩宋政权给子兴之子和元璋等人授爵，《明太祖实录》中称元璋对韩宋授爵不满，说：“大丈夫宁能受制于人耶？”史臣增饰之笔往往如是。以元璋之智商，其对红巾军和小明王的妙用难道还不清楚？

小明王被张士诚围困，元璋唯恐士诚效曹操故伎“挟制天子”，不惜“亲援之”，军师刘基认为切不可行，因为小明王有帝王之名号，又为元璋所表面尊奉，担忧“救出来，如何安置？”刘基号称足智多谋，但到底是书生。如何相机行事处置小明王，于元璋来说真不是一件困难的事。

大敌陈友谅已死，张士诚的最后据点苏州城指日可下，元璋霸业可期，此时的小明王对朱元璋的价值已趋近于零。原来把小明王放在滁州，朱元璋突命大将廖永忠迎归南京，船走到江苏一个叫瓜步的地方，船翻了，小明王“沉于江”。

小明王之死，是否出于元璋授意，史籍闪烁其词。元璋即帝位后廖永忠被赐死，《明史》称原因之一在于元璋对廖永忠当初之私弑小明王不满。稍知中国历史者都会明白，除非元璋准备把即将到手的帝位让给小明王，否则小明王不明不白地从这个世界上消失，就是一件迟早要发生的事，可笑修史者还拿一些子虚乌有的东西来忽悠我们。

痛骂元璋对一个“玩偶”心狠手辣毫无意义。若非元璋，而是操控小明王最久的“农民起义领袖”刘福通，其最终“起义”成功，小明王之结局又将如何？史载，当小明王还在刘福通手里的时候，刘福通“自为丞相，加太保，事权一归福通”，“林儿本起盗贼，无大志，又听命福通，徒拥虚名”，对韩宋政权里的大臣，刘福通也是想用谁就用谁，想杀谁就杀谁。易言之，小明王无论在刘福通还是在朱元璋手里，对小明王本人来说，区别甚微。

“功狗”之命运

《明史•徐达传》中说人称功臣第一的徐达是病死的，对其功绩特别引用元璋之言大加褒扬，君臣相得似乎甚欢，但在另一篇《李仕鲁传》中却又微露马脚，该传中记录了大臣陈汶辉对元璋的劝谏：“今勋臣耆德，咸思辞禄去位，如刘基、徐达之见猜，李善长、周德兴之被谤，视萧何、韩信，其危疑相去几何哉？”“见猜”二字，一语窥破。

《明书》记载，徐达背上长疮，本不能吃蒸鹅，元璋偏偏赐之，徐达含泪吃下，遂死。另有野史传说，当徐达死讯传来，元璋兴奋得不能自制，在殿内来回走动，并喃喃自语“徐达死了，徐达死了”，这一失态的真情恰被一个佯装熟睡的宫婢看在眼里，似乎和徐达未得善终的说法能够相互印证。

大将李文忠系元璋之甥，《洪武实录》中历叙其战功，君臣甥舅之间仿佛全无芥蒂。然明朝大史学家王世贞《史乘考误》则记，某日文忠称太监过多，宜稍加裁省，元璋怒曰：岂非削我羽翼乎？定为尔门客所教。遂将文忠所养门客尽数诛杀。“文忠惊悸得疾，暴卒。”洪武十九年，元璋给文忠之子景隆一道诰书，其中有文忠“非智非谦，几累社稷，身不免而自终”等语。野史所载显然有据。

“大帅”级别的武将中，没有战死之“福”，而又得善终的，只有元璋的少年兄弟、信国公汤和。汤和早早请求归田，而且“入闻国论，一语不敢外泄”。识相加谨慎，保证了其在老家平平安安地活到了七十岁。

大将蓝玉不服谋反指控，审问他的吏部尚书詹徽叱令其老实交代，蓝玉大叫：“詹徽就是我的同党！”于是这个主审官亦入瓮中，人头落地。在这个关系上万人身家性命的大案中，审案与判决简直跟玩儿一样。

蓝玉死后被剥皮，元璋下令将其皮传示各省。因蓝玉之女为蜀王妃，蜀王就把蓝玉的皮保存了下来。明末大西军张献忠攻入成都，还看见了这张被供奉的人皮。同崛起于草莽，俱以残忍著称，又各有一番“功业”，张献忠遇上明太祖，真相得益彰。

文人之新困局

洪武元年，徐达陷山东济宁，衍圣公孔克坚眼见新王朝冉冉升起，亟遣儿子孔希学拜会徐达。徐达送希学于南京，希学上奏，解释父亲因病不能前来朝贺，元璋即下手谕一道，曰“称疾则不可”。“不可”二字分量极重，孔克坚遂“惶恐兼程进”。事实证明他并未说谎，洪武三年其以疾告归，殁于途中。

元璋羞辱了孔子的后裔，但却不妨碍他像前代帝王一样高举儒学，声称“孔子之言，诚万世之师”。

原在元朝做官的裕伯，战乱中避地海上，居母丧。因有大名，元璋招之，裕伯曰：食元禄而背之，不忠，母丧未终而出，不孝。洪武元年，元璋大局已定，复征裕伯，其仍称病不出。元璋下了道手谕，说海滨民好斗，裕伯坚守不起，或将后悔。裕伯岂敢后悔？涕泗横流地随使者朝见新天子去了。

元朝翰林学士承旨危素能诗文善书法，尤长于史，元亡时隐居已四年。入明之后，危素应元璋召，授翰林侍讲学士，颇见恩宠。一日，元璋闻帘外脚步声，问是谁，答“老臣危素”，元璋哂之：“我还以为是文天祥呢。”危素顿首谢罪。次日又令危素赴和州看守余阙庙，余阙系元朝死节之臣，元璋盖以此羞之。

元璋读《孟子》，至“君之视臣如草芥，则臣视君如寇仇”，勃然大怒：岂臣民所当言？皇帝一发怒后果就严重了，居然要罢免孟子千百年来在孔庙里和列位大儒吃冷猪肉的资格，而且特地下令，不准臣下对此发表反对意见，否则就要处以“大不敬”的罪名，杀头。

元璋不准孟子配享孔庙，以死威胁劝谏者，但一个叫钱唐的读书人还是毅然上疏，反对把亚圣打入冷宫，且公开声明“为亚圣而死，虽死犹荣”。简直是抬棺决战矣。

经士子死谏，元璋恢复了孟子配享孔庙的资格，不过余恨难消，乃命臣下“删孟”，将其中张扬民本的名言尽皆删去，编就《孟子节文》，又专门规定，科举考试不得以被删的条文命题。亚圣当年经常骂得列国君主灰头土脸，但阉割于其身后，也只能地下发发牢骚了吧？

元璋之前，文人只要不公开和现政权对抗，大可优游卒岁，享受消极之自由，隐士、逸民即为此一族群。元璋立国后于《大诰》中创立了一条空前的峻法：“寰中士夫不为君用，是外其教者，诛其身而没其家，不为之过。”意思是说，知识分子只有两类，要么为他朱皇帝所用，要么不为他所用，对后者，就应该“诛其身而没其家”。

富人的噩梦

洪武初，嘉定万二富甲一郡，尝有人自京师回，乃询其见闻，其人曰：皇帝近日有诗：百僚未起朕先起，百僚已睡朕未睡，不如江南富足翁，日高丈五犹披被。万二叹曰：对我辈而言，此乃不祥之兆啊。即以财产付仆人，买巨船载妻儿浮湖而去。不到两年，江南大族渐次籍没，万氏一家独获令终。

元璋陷苏州不久，即下令迁徙苏州富民至老家临濠（今安徽凤阳），并规定“私归者有重罪”，连回乡祭祖扫墓都不允许。这种抑制富人的方略仍然来源于传统政治文化，秦始皇、汉高祖均曾迁富民于都城和其他地区。帝王们的思想高度一致，富夺其基，人夺其势，连根拔掉之后，将其置于一个完全陌生的土壤中，就会使可能的异己失去经济和社会支柱。

攻陷“江南”带给元璋的，不仅有胜利者的喜悦。洪武初年，一次微服私访让元璋大发感慨：“张士诚小窃江东，吴民至今呼为张王。我为天子，此邦（吴地）呼为老头儿。”吴地的奢华让他惊讶，吴地的民风更让他厌恶。

朱元璋强迫苏州人移民，对江南课以重赋，又罗织巨案。洪武年间，“浙东西巨室故家，多以罪倾其宗”。这些都是从根本上拔除文化江南的要着。

朱元璋在位31年，苏州知府换了30次，30人中，遭到“左谪”、“坐事去”、“被逮”、“坐赃黥面”、“坐法死”等惩罚者达14人。晚年元璋犹诏曰：江浙、松江（今上海）、江西人不得在户部做官。个中原因正如明末人谢在杭所分析，户部管理天下钱粮，而江浙赋税为最，元璋唯恐江南人士进入户部后给他玩猫腻也。

为躲避打击，富人们或被迫献巨资于皇室，或主动将财产充作军需，或散财以图自保。可是万全之计是没有的，江南首富沈万三捐资助修都城三分之一，又请犒军，朱元璋大怒：匹夫欲犒劳天子之军，居心何在？这是乱民，应该杀掉！好歹经马皇后劝解，将万三流放了事。

明史学者陈梧桐认为朱元璋“限制和打击的对象只限于那些违法乱禁的豪强势族，对于那些遵守法纪的地主则是采取保护和依靠的政策”。惜其大著仅举出了一个富人历洪武之世，“每戒家人闭门，勿预外事”，因而“独能保全无事”的例子。且不说例证太少，相反的例证又太多，就是在这一个“独”例中，一个守法百姓居然要靠“每戒家人闭门”才能平安无事，这究竟证明元璋打击面有限还是相反？

农民之“盛世”？

朱元璋把地主私田收归为官田，农民得到了什么？租种地主的田，农民固要遭受盘剥，可是当这些田回到官府手中的时候，农民能否不种地？不能，还是要种，只不过，他过去从地主那儿租种，现在，变成了从官府那儿租种而已。那么，他是不是不再遭受剥削了呢？不是，他依然要为租田上交赋税，而史料证明，官田税赋比民田高数倍。

农民受厄于“公有制”并不奇怪。租种地主私田，地主很多，选择余地大，而现在随着官田数量的增加，基本就只剩下官田可租，在你不租就没有饭吃的情况下，你不乖乖就范还能怎么办呢？英国经济学家哈耶克在其名著《通往奴役之路》中告诉我们，一个雇主很多的市场，对受雇的一方总是有利的，如果市场上只剩下了一个雇主，你就只能接受其开价，因为你别无选择。

为了困农民于土地，惩罚和连坐还不保险，在黄册、鱼鳞册登记户口与土地制度之外，元璋又设“路引”，百里之内农民可以自由通行，百里之外，就要由官府核查派发“路引”了。没有这个小玩意儿，必被捉将官里去矣。

“路引”制度于洪武初年即已施行，其威力堪称空前。洪武六年八月，江苏常州一个百姓，祖母病危，急于外出求医，仓促之间不能申领“路引”，为当地巡检司拿获，要送到司法机关问罪。这时佳话出现了，朱元璋嘉其孝行，“闻而释之”。一则让人心酸的佳话。

史学家谈迁在巨著《国榷》中说，明初规定夜晚不能一群人聚在一起喝酒，村子里深夜里不能有人行走，所以，人们常常稍有不慎就会因“口语细故”而被流放和充军，他的家乡为此而充军的就高达六千余人。谈迁生活于明末清初，他提到这一点的时候还情不自禁地说：“言之至今心悸也！”

朱元璋对官员训诫，既反对与民争利，还主张“藏富于民”，颇具现代性。可惜其对“富”的理解和常人有很大偏差。在元璋眼里，百姓能够吃饱穿暖，就是富裕，农闲时节，一家人于酒足饭饱后，能够围着一个火炉唠唠嗑，就是盛世。他所谓的“富”是指满足人们物质生活最低层次的需求，而一旦越过这个层次，就成了他王朝稳定的一种威胁，是其打击对象了。

胡惟庸案

《明史纪事本末》里记载胡惟庸谋反的情节相当离奇，说丞相胡惟庸借口私宅中有灵异之事，邀朱元璋观赏，而于宅中复壁间藏匿甲士，图谋弑君。太监云奇拼死惊驾阻止，皇帝醒悟，登城墙一看，果然看见了胡宅中藏在复壁间的甲士。堂堂宰相的豪宅居然连屋顶也没有？如果答案是肯定的，登城而望者必有透视之奇技矣。

胡案影响甚巨。《明史》上说，为肃清逆党，死者达三万余人，又颁《昭示奸党录》，株连蔓引，“数年未靖”。只要是明太祖不太待见的，希望他从这个世界上消失的，主管司法的官员投君所好，给其套上一顶“胡惟庸同党”的帽子，便万事大吉。

胡惟庸事败之前，一个叫韩宜可的监察御史，在元璋和惟庸从容谈笑的时候，出怀中弹文，劾胡惟庸等三人“险恶似忠”、“奸佞似直”、“擅作威福”，希望圣上“斩其首以谢天下”。元璋怒曰：“快口御史，敢排陷大臣耶！”命下锦衣卫狱。后来朱元璋拿胡开刀，又斥责臣下为什么不能洞烛其奸。

朱元璋于杀胡惟庸次日便急不可耐地宣布“朕欲革去中书

省”。元璋废掉丞相，分丞相之权于六部，直接铸就了明清两代的政治格局。过去丞相权力在一人之下万人之上，有时候可以和君权稍稍抗衡，现在，权力分散，且六部大臣直接由皇帝任命，直接对皇帝负责，只有仰其鼻息都嫌不及的份儿，遑论制衡？君权至此攀爬到了中国有史以来的最高峰。

洪武二十三年，穷治胡惟庸逆党。吉安侯陆仲亨的家奴告陆氏通谋。朱元璋曰：我是感到奇怪，此人居贵位，却面露忧色。遂诛之，抄没其家产。陆氏系元璋乡人，年十七时父母兄弟俱亡，战乱中持一升麦藏草间，为元璋所见，呼曰“来”，遂从元璋征伐，积战功至封侯。帝尝语人曰：此乃我初起时之心腹。

胡案初起时，其罪状只是擅权专断，元璋要办他当然简单。然而这样一条罪状，却只够杀胡氏一个人，最多连坐其家族。于是惟庸之罪行越加越多越加越重，勾结同党，谋反叛逆，“通倭”，“通虏”……这样，以“胡党”之名，诛杀功臣宿将的理由有了，以“丞相不法”之名，废相的理由也有了。

“圣主”当朝无“大儒”

朱元璋召见儒生桂彦良，誉之曰“江南大儒，惟卿一人”，彦良颇有自知之明，加上他也不懂元璋的心思，连忙答道：“臣不如宋濂、刘基。”这时候，元璋说了句掏心窝子的话：“濂，文人耳；基峻隘，不如卿也。”言外之意是，这两个人岂足称“大儒”？

元璋抬举桂彦良为江南唯一之“大儒”，表面礼贤下士，实际是打击另两位当代大儒宋濂和刘伯温，否定其道统传承者的资格。元璋哪会真的以为寂寂无名之桂彦良是大儒？

元璋不承认宋濂、刘伯温为“儒者”，原因在于儒者都有“导君于正”的使命，真正的大儒，在传统观念中，应该是帝王师。做“帝王师”即为中国文人之最高理想。问题是，这种理想很多时候只是文人的一厢情愿。圣主们从不承认有什么帝王之师，否则岂非意味着这个世界上还有人比他更高明？

受孙子犯罪牵连，宋濂被论死。马皇后苦苦劝谏：宋先生不是皇儿们的老师吗？百姓为子弟请老师，还会注意始终不失礼数，况天子之家？且宋先生已退休，焉知朝中之事？元璋不听。

马皇后与元璋吃饭，不御酒肉，元璋问故，对曰：“妾为宋先生作福事也。”元璋投箸而起，次日赦宋濂。

朱元璋宣布已得“先王之道”，并称自己绝不是从儒者那里得来的，儒者只不过是圣经贤传的学习者，又都是凡胎，研习中屡有迷误，而他自己则不然，通过“中积群言，加以比较是非”的艰苦努力，从圣经贤传中直接体认，终于把“道统”接到了自己手中。

帝王永远不缺拍马屁者。清代诗人、史学家赵翼读了元璋的文集就认为，明太祖虽然目不知书，底子肯定薄了点，可这人聪明啊，加上勤奋，你看他留下来的诗文，也许有词臣润色，其中的“英武之气”可是掩饰不住的呢。其实元璋诗文，臣下所做的工作绝非简单“润色”而已。判断元璋是否真通文义，《明太祖集》当然靠不住，得看记录元璋原话的《明大诰》，谁看了谁都会为其中大量文理不通的话而大吃一惊。

元璋未入学，后来只是在马背上学了点文化，虽能诌几句诗也全无文采。拥有专制权的人越是对中国文化典籍一知半解，却越爱好把自己装扮成传统文化的正统维护者。

皇帝治统不容染指，和儒者争夺道统的话语权，元璋们定会成功，不是因为别的而是他们握有权力。

恩威莫测

茹太素刚直不屈，屡屡到了朱元璋忍耐的边缘。一日元璋大开宴会，赐太素酒并赋诗曰："金杯同汝饮，白刃不相饶。"太素叩首续对："丹诚图报国，不避圣心焦。"不久，茹太素就被贬官，与同僚戴着镣铐办公。圣上的白刃终究没有"相饶"，"丹诚图报国"的茹太素后不知犯了何罪，下狱死。

做过和尚的元璋即帝位后一度喜欢佛教。儒家士子多不敢言，李仕鲁因曾幸得圣上所奉"相见恨晚"之高帽，乃劝皇帝多近孔孟之学。元璋不睬，仕鲁遽曰：皇上既如此，我这个学圣人之道的人还当个什么官呢？请收笏板，我退老还乡就是。言毕掷笏板于地。李仕鲁当即被武士摔死在朝堂上。

某日元璋杀人，命御史袁凯把案卷送给太子朱标复核。朱标仁弱，许多案例主张从宽。袁凯回报，元璋问道：我和太子谁是谁非？夹在皇帝与未来皇帝之间的袁凯为难了，想了想只好回答：皇上从严是守法，太子赦免是仁慈。今天看来可以上"百家讲坛"的辩才当时却惹得龙颜大怒：这不是两边讨好，耍滑头吗？

打上了“耍滑头”标签的袁凯十分恐惧，决心装疯。元璋闻报一笑：真的疯子是不怕痛的。命以锐器刺其肉，袁凯作毫不知痛状，总算蒙混过关。彼时元璋还想不到“被精神病”的狠招儿，放袁凯回乡。虐待之下不叫痛容易，但表情自然却至难。虐政逼出了超级忍者。

著名才子解缙上奏指责元璋不仅好杀，而且不恤民情，滥收税，横征暴敛，元璋不罪，还说和解缙“义则君臣，恩犹父子”，称其为真才子。大出意外的解缙几乎泪落。

御史王朴议事偶不合圣意，元璋初命戮之，旋又召回，问愿改否？朴答曰：皇上既授官，又何必辱我？我若无罪则不应杀头，我若有罪，何能赦免？求速死！元璋促行刑。王朴真是趣人，当刽子手推着他经过撰写史书的史馆的时候，王朴大叫道：史官牢记，某年某月某日，皇帝杀无罪御史王朴！

圣上天性残暴听不得批评，顺之者昌逆之者亡，在其治下，这够让人恐惧的了，但犹非恐惧之极致，因为既然主子爱听好话，属下大量生产和奉献就是了，天生懂得自保的人们是一点儿也不缺乏这点基本智慧和人情世故的。而元璋属于另一类君王，他通常情况下爱听好话，但说不定何时又会宣告佞幸小人最为可恶，声称最喜欢逆耳忠言，臣民如何自处实在是一个难局。

自虐式勤政

在吴晗笔下，元璋“每天天不亮就起床办公，批阅公文，一直到深夜，没有休息，没有假期，也从不讲究调剂精神的文化娱乐”。吴晗还统计了元璋的工作量：“平均他每天要看或听两百多件报告，要处理四百多件事。”元璋之勤勉世所公认。但勤勉是否就一定是个好皇帝？

元璋的勤政给其身体带来了严重损害，如吴晗所说，“他把全副精力处理国事，过分紧张疲劳，五十岁以后，体力便支持不住了，害了心跳很快的病症”。一个人的勤勉到了伤身的地步，而且这个人还是富有天下口含天宪的皇帝，人们的第一反应当然是大加称赞，勤勉总比懒惰好。这种反应实为习惯性思维的结果。

昔日隋文帝也十分勤政，但仅传位至儿子杨广即告亡国，隋文帝的勤政仅仅换得唐太宗的一句感叹：“虽则劳神苦形，未能尽合于理。”现在，明太祖为了国事腰也酸了，背也驼了，按他自己所说，天不亮就起床，到半夜才安息，还经常睡不着觉，较当年隋文帝何如？

元璋的勤政，本是其抓权、废除丞相后的一种不得不然。也就是说，这种自虐式的勤政，不仅并无必要性，而且本来就是元璋想要的结果。子曰：求仁而得仁，又何怨？下一转语曰：元璋求自虐而自虐，又何怨？

《明史》上说，元璋废相后，“又念密勿论思不可无人，乃建四辅官”。这里透露的是贪权者的现实窘境：因为死死抓住权力不肯放手，事事都要亲自处理，以致起早睡晚也忙不过来，自大如元璋者，也感觉非要几位智囊不可了。

元璋希望以君主大权独揽来确保朱家万世基业，并告诫子孙永远遵照他的妙法，算盘够精，可惜他忽略了一点：虽为“龙种”，其后裔是否都能像他这样精力旺盛？

元璋自虐式勤政是君权空前膨胀的产物。历史发展到了元璋这里，他不相信任何人，不能容忍原本已足够强大的权力留下丝毫缝隙，大大小小的事务除非紧紧捏在他自己手里，否则决不会有安全感。这是历史的倒退，而没有丝毫进步的气息。

元璋临死之前，遗诏曰：“朕膺天命三十有一年，忧危积心，日勤不怠，务有益于民。”“忧危积心，日勤不怠”，这是大实话，可是称勤政的终极目的是“务有益于民”，真是英雄欺人，至死不休。

“朕收平中国，非猛不可”

元璋总结包括元朝在内的历代政治得失时，一曰：“历代多因姑息，以致奸人惑侮。”又曰：“胡元以宽而失，朕收平中国，非猛不可。”所谓蒙元帝国“以宽而失”真是一句扯淡之谈。中国历史上哪一个王朝是因为对人民宽厚，而最终丢了天下？

郭桓是洪武十八年的户部侍郎（相当于财政部副部长），有人告其利用职权侵盗官粮。元璋下令追查，牵涉到多名部级高官和各省地主绅士，被杀者高达数万人。经此一案，“天下中产以上人家破产大半”。有破产，就有丰产，当万家愁怨之际，元璋也许在为国库充盈掀髯大笑吧？

郭桓和部分官员贪污罪有应得，但一起贪污案，竟牵连各省，使数万生灵陨落，实在是说不过去的。元璋最后抛出了主审郭桓案的官员，把他们也杀头，算是对沸腾舆论的小小抚慰。如果这个贪污案真是铁案如山，并无冤滥，那么主办的官员本应嘉奖才对。

吴人严德珉，由御史升任左佥都御史，以疾求归，元璋疑之，将其脸上刻字，流放到边远地区。到了明宣宗时代，德珉尚在，或见其脸上有字，问犯何法，答曰：太祖时国法甚严，做官者很难保全，那顶官帽可不好戴啊。然后向北面拱手，连称“圣恩圣恩”。

元璋以猛治国，官员们惶惶不可终日，经常是上朝前先要跟家人道别，说今天去了，不知道能不能活着回来。如果晚上平安到家，就互相庆幸好歹又活了一天，明天还不知道怎么样呢。

洪武中叶，通政使曾秉正以忤旨罢官，贫不能归，把四岁女儿卖掉作为旅费，元璋大怒，置其腐刑。秉正受此大辱，不知所终。

长期在恐怖氛围中讨生活的官员们看出了一点元璋喜怒的规律，哪天元璋的玉带被按在腰下，便是大开杀戒的信号，这根带子到了胸前，则平安无事。

元璋越到晚年，反贪手段就越残忍，而他对反贪的效果就越悲观。他不止一次哀叹：“我欲除贪赃官吏，奈何朝杀而暮犯”，“我这般年纪大了，说得口干了，气不相接，也说他不醒”，甚至“自谦”自己“才疏德薄，控驭之道竭矣”。

《明史》说，终洪武朝，为户部尚书者四十余人，平均不到一年换一个，刑部尚书也是如此。洪武朝无治世之能臣，或在此耶？

插翅难飞的高启

洪武二年，著名诗人高启被征入朝修史，其时元璋对朝臣的大规模杀戮尚未进行，官僚集团争斗也还没到白热化的时候，但京城中那种高度紧张、压抑的气氛还是让敏锐的诗人不安了。“强逐车马朝天阖，归时颜色黯如土”，“颜色黯如土”一语中已透露了诗人的心境。

洪武三年秋，《元史》修成，高启遽蒙召见，授户部右侍郎之要职，高启拒之，《明史•高启传》写到这一幕时说：“启自陈年少不敢当重任，……乃见许。已，并赐白金放还。”在这简短的叙述中，很难嗅到任何异样的气味。

帝王看重文人之才，欲委以重任，而文人出于各种因素，推辞不就，稍知中国历史的人就都清楚，高启力辞户部右侍郎的这一幕在皇帝与文人的关系史上实在稀松平常。现在元璋对高启归隐的请求不但未予留难，而且“赐白金放还”，这一切似乎都还在常轨中运行。看来许多人，包括高启自己，其最大的疏忽就是按老皇历看这位新天子。

高启有一首咏雁的词极负盛名，结句说：“须高举，教弋人空幕，云海茫然。”他希望自己永远是那高飞之雁，逃脱人间的罗网。殊不知到了元璋时代，一张弥天大网已经织成，没有人能够掌控自己的命运。天才诗人也只能在他的诗的王国里如高飞之雁自由遨游。

高启受牵苏州知府魏观之案而罹腰斩之酷刑。《明史》追论缘由：“启尝赋诗，有所讽刺，帝衔之未发也。”诗是一首七绝《宫女图》：“女奴扶醉踏苍苔，明月西园侍宴回。小犬隔花空吠影，夜深宫禁有谁来？”宫女夜陪皇帝喝酒解闷归来，已经烂醉如泥，忽闻狗叫。这个时候了，重重宫禁，会有谁来？最后一句可理解为：宫禁森严，有谁敢来？也可理解为：莫非有人来么？但不管怎样，读者都可以从中读出讽刺的意味。

历代宫怨诗都有讽刺的内容，且高启的《宫女图》一诗并未确指空间和时间，何以为元璋所不容？明末著名学者钱谦益于《列朝诗集》中说，高启此诗“盖有为而作。讽谕之诗，虽妙绝千古，而因此触高帝之怒，假手于魏守之狱，亦事理之所有也”。因为一两句诗，便要大开杀戒，这样的事发生在元璋身上何足深怪？

赵翼于《瓯北诗话》中指责高启“以诗文召祸，何其不自检耶？”其实这哪里是“自检”与否的问题，在毫无节制的皇权淫威之下，文人没有什么自检与不自检，只有幸运与不幸运。

辣手治国

既是朱元璋亲家又为本朝丞相的李善长几度面临刀俎，元璋均表宽免。最后一次，《明史》上说，星相学家“言星变”，卜了一卦，据称上天示意要“移大臣”。于是善长身死而族灭矣。天象的异变成为杀人的理由，也是中国历史上的老谱。

元璋尝私语军师刘伯温，说李善长“数欲害君”。善长屡次三番要害一开国功臣，这明显是奸佞嘛。元璋不加处置也就罢了，何又向伯温示意？除了让其感戴，更重要的还是为了分而治之，因为这不是明摆着加深李善长和刘基，乃至淮西集团和浙东集团的猜忌与对立吗？元璋实为玩权力平衡术的大师。

元璋为什么非要置李善长于死地？权力学有一条原理，最高统治者与属下之间需要一个权力空白区，这时最高统治者在心理上才会感到安全。李善长就是离亲家太近了。

当年论功行赏，因李善长功大，元璋赐其铁券，“免二死，子免一死”。等到元璋要杀他的时候，铁券安在？

因对朝廷苛法不满，为躲避徭役，或不被朝廷征用，当时民间兴起了一股自残身体的“热潮”，如福建沙县百姓罗辅等十三人自断手指，贵溪县儒士夏伯启叔侄二人“各截去左手大指”。“去指不为君用”成为一条新的罪名，当事人被元璋下令枭首。原来，人长手指就是为了供君王之使用。

元璋即位，鉴前代之失，置宦官不到百人。又于宫中竖三尺铁牌，上书：内臣不得干预政事，预者斩。可惜到了英宗时期，铁牌即被人盗去，盗之者，太监王振也。

元璋尝谓侍臣曰：太监中良善之辈，一千人中占不到一二，“用为耳目，则耳目蔽，用为心腹，即心腹病”，驾驭之道，“在使之畏法，不可使有功。畏法则检束，有功则骄恣”。然洪武二十五年，元璋又命太监聂庆童往河州督察边境茶马交易。《明史》曰：中官奉使行事自此始。明之阉祸，古所未有。

元璋自己规定了《大明律》，又用《大诰》推翻之，《大诰》本身文理不通，粗野蛮横，但元璋视之为奇货，下令百姓必须人人背诵。为表示奖励，能背《大诰》的犯人还可以减轻处罚。记忆力强的人有福了，胜过洗心改造。

建文帝，即元璋之皇太孙于即位诏中宣布：以后断案只能依据《大明律》，不要深文周纳，等于把他爷爷当作命根子的《大诰》扔进了垃圾箱，只是不好意思直接点名而已。

另类“偷窥狂”

宋濂于家里设宴待客。次日上朝，元璋问他，你昨晚在家喝酒没？宋濂俱以实对。元璋又问，和谁在一起喝的？你为客人们准备了哪些好菜？宋濂一一作了回答，但心中究竟忐忑。宋濂答毕，元璋大笑，说宋爱卿真是老实人，没有欺我。宋濂这才知道，他即使退朝居于深宅大院中，也逃不过皇帝的眼睛。

国子监祭酒宋讷某日因学生打碎了茶器而怫然。次日元璋问他昨日因何生气？宋讷大吃一惊，道出原委，说皇上您怎么知道？元璋以图掷之，原来，那是皇帝所遣画工描绘的一张“宋讷生气图”。

儒生钱宰被朝廷征召，编《孟子节文》，退朝后思念故乡，文人积习不改，作诗一首：“四鼓咚咚起着衣，午门朝见尚嫌迟，何时得遂田园乐，睡到人间饭熟时。”次日元璋劈面就说：卿昨赋诗甚佳，不过你说“午门朝见尚嫌迟”，我实未嫌卿，改“嫌”为“忧”如何？钱宰汗出如浆。

致仕者也常为元璋所惦记。吏部尚书吴琳退休返乡后，元璋特地派人前往察看。使者隐藏身份，偷偷来到吴琳的家乡，看见一个老农正在田中拔草，使者上前询问：这里是吴尚书的家乡，请问他在哪儿住呢？老农非常恭敬地回答：我就是。使者回报皇帝，元璋大为赞叹。

要时刻窥伺臣民，建立特务制度自是最佳选择。元璋所设的特务机构锦衣卫多不法，“官”怨沸腾。洪武二十年，元璋演了一场怒烧锦衣卫刑具的好戏，他说：审问犯人是司法机关的事，我有时让锦衣卫先问问，不过是要他们先把情况摸一下而已，怎能随意入人于罪？这话有点像说单口相声。

世界上热爱偷窥的人们，几乎没有一个是在达成目标之后，还要把自己的行动透露给对方的，否则还能叫什么“偷”？元璋不同，他“偷”完之后，还要告诉你，你被他“偷”了，这真是一个另类。原因很简单，他握有让你发抖的权力。世界上的其他偷窥者如果像他这样干，轻则会挨一顿老拳，重的还会吃官司，可元璋不会，不但不会，他正要借此明白宣示：你在我面前永远是透明的，没有必要和我玩心眼儿。

一边兴学校，一边毁文化

洪武朝堪称中国历史上遍设学校之始，兴学系元璋一大善政。但元璋只希望造就为己所用之工具，对学生设禁甚多，不但不许议论所谓军国大事，更规定“生员不得擅入厨房，议论饮食美恶”，敢有犯者，即杖击并充军。

国子监第一任祭酒（相当于大学校长）宋讷对学生单靠严厉立威，伙食很差，学生竟有饿死者。一个叫赵麟的学生受不了虐待，在学校里贴出一张壁报抗议。按照校规，这是“毁辱师长罪”，应该打一百大板充军，但元璋却认为学生向师长抗议，此风不可长，竟法外用刑，把赵杀了，并在学校前立了一根长竿，悬其头以示众。

这个血淋淋的竿子一直竖在那儿，居然要等到明史上以荒淫出名的明武宗出场，才被下令撤去。史籍上说，明武宗南巡，到了南京的国子监，看见这个竿子感到奇怪，说这是做什么用的呢？教员回答是挂学生脑袋的，武宗大不以为然，说了一句很朴实的“名言”：学校岂是刑场！撤掉吧。这根血淋淋的竿子一共竖了126年。

把科举考试的内容限定在几部经书之内，宋朝王安石是始作俑者。朱元璋的“创造”在于，他和文臣们一起，把科举考试的文体格式僵硬地固定了下来，文章怎么起头，怎么转折，怎么结尾，都必须一丝不苟。这样一来，文章立意早已是圣贤的，格式又是统一的框框，逼迫天下读书人把才思浪费在“八股”这个小小的螺蛳壳中，只能在螺蛳壳中看谁的道场做得漂亮，徒然耗费青春。

秦始皇怕读书人厚古薄今，非议朝政，焚书坑儒。唐太宗实行科举，看到应举人很多，高兴地说，“天下英雄入吾彀中矣”。元璋更进一步，把读书人限制在八股中，等于将秦始皇和唐太宗合二为一，其办法是唐太宗的“英雄入彀之术”，其用意则是秦始皇的“焚书坑儒之心”。

南北文化水平不一，科考录取者中南人居多，洪武三十年也不例外。北人不满，元璋下令彻查的结果证明并无舞弊。这时又有人造谣，说复查者故意把北人中不好的卷子给皇帝看，元璋大怒，立即将复查的多个官员赐死，同时他亲自考试，重新选拔了61人，均为北人，“时谓之南北榜”。西方学者所撰的《剑桥中国明代史》在叙述这一冤案时直截了当地评价说：“这种种事件表明了一个人长期患偏执狂后会是什么心理状态。”

刘伯温：帝王师做不得

明代人物，刘伯温轶事特多。如传说朱元璋和陈友谅在鄱阳湖大战，伯温忽要元璋换船，刚换，原来那条船就被飞炮击中，“立碎”云云。清人修《明史》已对此不满，曰：“顾帷幄语秘莫能详，而世所传为神奇，多阴阳风角之产，非其至也。”神神道道的东西当然不是刘伯温人生的主要方面。

虽然刘伯温不像传说中那样神奇，但他和其他知识分子一起，帮助朱元璋在乱世中恢复秩序，是值得历史肯定的。过去史学家喜欢说就是这群知识分子使坏，使原本“革命”的朱元璋政权“蜕变”成了又一个地主阶级政权，现在只能让人莞尔一笑了。谁说一个安定的秩序，就只是缙绅阶层而非平民百姓的渴望？

刘伯温入明后活了七年有半，先后几次被封，又几次被打发回乡。在反复放归、召还的过程中，伯温不忘战战兢兢地尽儒者之本分。他劝元璋，“霜雪之后，必有阳春，今国威已立，宜少济以宽大”，又提醒元璋，对遁逃北漠的元朝大将王保保不能轻敌妄进，结果被他不幸而言中，名将徐达在追击王保保的一战中，几乎全军覆没。

忧谗畏讥的刘伯温准备在家乡终老，但善于占卜的他不知道，自己的命运并不在自己手中。

隐居的刘伯温竭力洗尽铅华，表现得像一个不识字的老农，也不和地方官吏来往。家乡的父母官因为始终见不到刘伯温，乃便服求见，正在洗脚的伯温对上门的客人不便坚拒，生火做饭以待客，但当县令以实相告时，伯温立变色，自称小民，即退。

温州、福建交界处的谈洋因其险要，易成藏匿匪人之所，刘伯温遣子刘琏入朝建议设立一个机构巡查。但刘琏奏事绕过了中书省，执政大臣衔之，遂诬伯温欲以谈洋作身后之墓地，设立机构意在驱逐百姓也。大狱在即，病中的伯温扶疾入朝，于元璋面前“惟引疚自责而已”，意思是什么辩解的话都不说，只承认“我错了我错了”。

朝廷祭奠孔子，仪式结束后，祭祀用的肉分给重臣算是一种荣誉。病中的刘伯温没有参加仪式却接受了肉。元璋曰：刘伯温学圣人之道，不参加祭奠却享受祭品，学礼学到哪里去了？下令停发其一个月俸禄。是否接受祭品是小事，停发一个月俸禄也是小事，关键是皇帝行动中透露的信息是意味深长的：他就是想让刘伯温没面子。

以文字疑误杀人

林元亮上谢恩表，用了“作则垂宪”的成语，诛；赵伯宁作《万寿表》，内有“垂子孙而作则”一语，诛；林伯景撰《贺冬表》，有“仪则天下”一词，诛；常州人蒋镇元旦上《贺表》，以“睿性生知”四字被诛。原来，“则”字与“贼”谐音，“生”字又和“僧”音相同，而元璋早年做和尚，后投红巾军，他认为是臣下有意讥笑他当过和尚、做过贼呢。

君王忌讳一多，拍马屁就成了一门高难度的艺术。某公逢节日照例上贺表，其中“天下有道”、“万寿无疆”两个成语让元璋寻思起来：“天下有道”是不是讥讽国有“盗”贼？“万寿无疆”岂非咒我疆域不保？某公辩称：“天下有道”乃孔子格言，“万寿无疆”系《诗经》中臣下对天子的祝福，如果这也算诽谤，天下人还能说话写文章吗？元璋语塞，悻悻地说了句：这老头还嘴犟。释之。文武以为异数。

元璋一次微服私访，到一寺中，见壁间有诗咏“布袋佛”，诗曰：“大千世界活茫茫，收拾都将一袋藏。毕竟有收还有散，放宽些子也何妨！”因为恰逢元璋大搞严刑峻法和法外用刑，此诗寓针砭，元璋遂尽屠僧众。

明初文祸故事多出于野史笔记，或诋为不实。但《明史》也明载，浙江金华人苏伯衡，因“坐表笺误，下吏死”。读诗书辈绝不可能在给皇帝的贺表中真弄出多大纰漏，而以此致死，定为琐细所牵，此非文祸而何？只不过，正史不像野史那样，将此人因文字罹祸的细节交代得那么清楚和富有传奇性罢了。

君王制造文祸，必有小人趁机摸鱼。一佞臣提醒元璋提防文人诽谤，并举例称，张士诚过去割据江浙时待文人甚周，但还是被戏弄了，比如“士诚”这个名字就是文人给他起的。元璋狐疑：此名甚佳。那人说：好什么啊，《孟子》曰：“士，诚小人”，此讥张士诚为小人也。自此，元璋“览天下章奏，动生疑忌，而文字之祸起矣”。

文人给张士诚起名的故事的真实性且放在一边，考虑到汉字的复杂和巧妙及元璋在传统文化方面的那点底子，故事中揭示的元璋疑忌的心理充分可信。元璋既然知道文人爱弄文字游戏，而他自己偏偏又对此一知半解，那么在他拿着文人献上的文章和诗词，左看看右瞧瞧的时候，当然难免觉得这也不对劲那也不对劲了。一个可怜的人。

幻灭与焦虑

医生王允坚私售毒药事发，元璋命其服下自配毒药，待毒性发作，又命交代解毒之方，用粪清插凉水为其解毒，次日才枭首示众。在“服毒及其反应”测试里出现的元璋是个敬业的心理分析师，他不但认真记下了服毒者的神态之种种异常，还对其逼近死神时的心理高度关注。元璋从中获得了极大的快感，以致王允坚经过服毒、解毒之折磨，最终丧命之后，元璋回想起来还兴致盎然。

太子朱标生性仁弱，为了求父亲不杀老师宋濂，曾经投水自尽，又劝谏喜欢滥杀的父亲，说“诛夷过滥，恐伤和气”，元璋投荆条于地，命太子拾之，太子见荆条满刺，面有难色，元璋乃诫曰：恶人即刺，刺不除尽，尔皇位能安稳乎？

朱标仁弱但品行端正，父子二人别有一种亲近感。洪武二十五年五月，朱标病逝，元璋陷入极度悲痛之中，召见群臣时，一边大哭，一边悲叹：“朕老矣，太子不幸，遂至于此，命也！”在臣下面前大哭，无遮掩地表现自己的软弱，这于元璋实为罕见。

太子早逝，加上前几年马皇后的死，对元璋都是沉重打击。在艰难困苦中蛰伏，于群雄中脱颖而出后，元璋就几乎未碰到什么强有力的阻碍。久之极易生成一种幻觉，即“人莫予毒”，但随着身体一天天衰老，目睹最亲爱的人从自己眼皮底下消失，自己却毫无办法，他才像突然想到，原来，一个拥有再大俗世权力的人，也不能对抗疾病、衰老和死亡，在这个世界上，其实还有很多东西是自己无法掌控的。

太子死后，衰病之中的元璋做过一件意味深长的事：下诏征求能掐会算的阴阳家。“试无不验者，爵封侯”。一个迷信权力的人突然变得迷信命运，这表明，支撑其强悍的内在根基已经动摇。

在幻灭感和焦虑感双重夹击下的朱元璋，其暴虐和攻击性在晚年达到了极致。他对臣僚们才信又猜，已赦复罪，让人摸不着头脑，妃嫔们也常常无端成为其发泄异常心理的对象。御河中发现一堕胎婴儿，元璋怀疑是楚王之母所为，乃亲手杀死，弃尸郊外，楚王来朝，哭求母尸不得，仅觅练带一条而已。

《明史》描写朱元璋晚年生活状态时有两句话让人印象深刻：“中夜寝不安枕”，“四夷有小警，则终夕不寝”。时时高度紧张，一有风吹草动就无法入眠者，不可能内心强大，哪怕其表面多么强势。

洪武朝杂缀

元璋克元朝都城北京，负责气象天文的官员以名为“水晶刻漏”的战利品献之。刻漏者，古人计时之具也，元朝人的这个刻漏设计精巧，内置木偶二，能按时自击钲鼓。元璋认为虽工巧却无益，即碎之。中国的科技一直世界领先，后来却被西方远远甩在了后面，一个转捩点就是在明朝。水晶刻漏之命运，可以喻大矣。

周琬之父待罪论死，十六岁的周琬愿代父而死，元璋疑其受人教，命斩之，琬颜色不变，元璋异之，将其父戍边。同时子代父死者，更有虞宗济、胡刚等。孝子辈出，元璋以此为自己教化大行之证，要求播告天下，以激励士民。刑部尚书开济奏曰“罪有常刑，不宜屈法开侥幸路”，法律专家毕竟知道，官家奖励孝行往往就是作伪的开始。

洪武初有令，鸣冤者非卧钉板，不复查。山阴孝女诸娥，父为粮长，被诬论死，二子并罪。诸娥方八岁，辗转于钉板之上，几死，事乃闻于朝廷，复查，仅戍一兄而止。诸娥终伤重而卒，乡人哀之。

山东日照百姓江伯儿因母病，杀三岁子祀泰山，元璋怒其灭绝伦理，杖百、戍海南。又想起该制定一个表彰孝行的规则，礼部尚书任亨泰说：卧冰割股一类，不能作为常例，否则民众势必效仿，割股不行就会割肝，割肝还不行就会杀子，“违道伤生，莫此为甚”，应该严厉戒止。元璋称善允准。

战乱之后，为奖励垦荒，元璋令山东、河南等开荒田地永不征税。本为国家和农民双赢之计，但他的儿孙们却不认这笔账了。弘治时皇亲国戚们都说荒地系无主之田，朝廷也任彼巧取豪夺。大诗人李梦阳描述惨状云，“平其坟墓，毁其房屋，斩伐其树木”，“于是百年土著之民，荡产失业”。在经济利益之下，再堂皇的政治承诺也是浮云而已。

洪武十五年，广平府官员王允道给皇帝上书，建议效元朝于磁州（今河北磁县）设立机构冶铁。元璋大怒：这不是惊扰百姓吗？流其于海外。元璋以为炼铁仅便制作兵器，殊不知炼铁技术的发展，也将大大有利于生产工具的改进并带动其他产业，重农主义者朱元璋对工业毕竟无知。

据《万历野获编》，洪武二十三年，朱元璋发布圣旨：“学唱的割了舌头，打双陆的断手，蹴园者斫脚。”“打双陆”就是玩棋，“蹴园”就是踢球，民间游戏耳。

官吏下乡常常扰民，元璋想出了一个怪招，立法“严禁官吏下乡”。有人会问官吏不下乡，就不会扰民害民了吗？可惜这个声音无法入元璋之耳。

封藩固权，反成祸根

太子早逝，元璋选定太子之子继位，又恐其年幼难以驾驭元勋。这一念遂使蓝玉、傅友德、冯胜三位硕果仅存的大帅死于非命。三人中除蓝玉比较张狂外，另两位谨小慎微，侥幸躲过明初风暴但终难逃一劫。在元璋眼里，这三人简直就像荆条中的最后三颗毒刺，不除他是不放心的。

皇太孙之祖母李淑妃贤明能干，在元璋临死前一年突被赐死。淑妃之兄不满，元璋曰：尔妹贤明，也未有过错，但我正因此担心她会以武则天为榜样。汉武帝晚年，准备立其幼子为帝，就是后来的汉昭帝，先借故杀掉了昭帝的母亲钩弋夫人，左右惊问，武帝回答说：非尔等所知，“主少母壮”罕有不出乱子者。历来汉武帝和明太祖并称，真是很有道理。

元璋初登大位即以各战略要地封藩诸子。藩王权力极大，尤其是握有兵权，“护卫甲士少者三千人，多者万九千人”，其身份也非常尊贵，只比皇帝低一等，公侯大臣遇到藩王，须“伏而拜谒”。

元璋视早被历史否定的封藩制度为妙计，《明史》上说他是

“惩宋元孤立”，其实完全系于他个人为家天下打算的私心。他以为让自己的骨肉，都各据一方，手握重兵，大家同心协力，这样就没有外人威胁自己的家天下了。殊不知除了外人，难道就没有家人自己造乱子的吗？

元璋大封诸王，付以兵权，遂语太孙曰：我把御虏的任务交给诸王，可令边尘不动，这样你就安居无忧了。太孙曰：虏不靖，诸王御之，诸王不靖，谁来抵御？元璋默然，良久曰：你意如何？太孙曰：以德怀之，以礼制之，不可则削其地，又不可则撤藩王号，再其甚则举兵讨伐。元璋颔首：也没有比这更好的办法了。

洪武九年星变，元璋下诏求直言。叶伯巨奉上皇皇大文，认定“分封太侈”、“用刑太繁”、“求治太速”是当今之大害，必须改弦更张。元璋一看“分封太侈”，指的是他把自己多个儿子封为藩王的政策失当，当即暴跳如雷，“速逮来，吾手射之！”

叶伯巨死了，其预言却留了下来：如果不对封藩制度改弦易辙，很可能在几代之后，形成各藩王尾大不掉之局，到时候皇帝必然“削其地而夺之权”，但这又必然招来藩王的强烈不满，祸乱将难以避免。元璋消灭了叶伯巨的肉身，但他儿子朱棣和孙子建文帝为争夺皇位所爆发的战争却证实了叶伯巨的预言。

第二章　变异的龙种，衰朽的王朝

朱元璋诛尽功臣，期望留给子孙们一根“无刺的荆条”，以各战略要地分藩诸子，希冀朱家王朝江山永固代代相因。但从个人能力上讲，一代不如一代，这是“龙子龙孙”无法摆脱的变异规律。朱元璋之后，仍然有夺鼎之中的骨肉相残，仍然有主上昏聩之下的太监乱政，而明朝皇帝驾驭王朝的能力也毫无例外地呈每况愈下之势。个人哪怕殚精竭虑，也注定难以走出治乱之循环。这就是传统中国的宿命。

靖难之役

元璋死，朱允炆即位，是为建文帝。见诸王尾大不掉，遂谋渐次削夺封地并限制其权力。叔父、燕王朱棣图起兵，日夜铸兵器，蓄养大量鹅鸭掩盖打造兵器的声音。燕王又佯病，盛暑中拥炉坐，还大叫“好冷好冷”，不料弄巧成拙，天子遣人问疾，一看就密报曰：“王实无病，将为变。”

燕王朱棣反旗已举，建文帝命将北征，临行前戒之曰：不可使朕负杀叔之名。故燕军兵败时，朱棣往往自己殿后，遇急则以身充当叛将盾牌，政府军相顾愕然，因有建文帝之命，不敢乱发一箭也。建文之令究出于仁慈还是轻视叔父，以为不足为忧？不知也。

诸王中朱棣虽然实力最强，但与中央政府相比究竟属于弱势一方，为何短短三年就反客为主？盖建文帝无得力之大帅可供驱遣也。建文平叛，初统兵者为耿炳文，其人战史很长，元末时尝从元璋征战，但他从未独当一面，最多只是一员偏将，加之如今年纪大了，缺乏锐气，哪里是骁勇善战的朱棣的对手？

耿炳文兵败，继之者为李景隆，此人是名将李文忠之子，实为纨绔子弟。朝廷徒然拥有实力优势，也不乏勇将，却因缺乏智勇深沉、谋略宏远的统帅，在战场上只能堪堪与朱棣打个平手。最后朱棣放弃与朝廷争一城一地之得失，直捣南京，在京城宦官的策应下，终于如愿以偿。最早开门迎降者，李景隆也。

关于明成祖朱棣发起的所谓“靖难之役”，清代学者查继佐叹曰：如果当年明太祖不将功臣斩尽杀绝，最后的蓝玉、傅友德、冯胜这三人中哪怕还留下一个，燕王焉能轻易成功?

朱棣攻陷南京，建文帝不知所终，或言崩于火或言遁去，成祖疑之。永乐五年，遣人遍巡天下州郡乡邑，隐察建文帝所在。直至永乐二十一年，其人方还朝，成祖已就寝，闻其至，“急起召入”。看来侄子永远是朱棣心头的阴影。

朱棣既篡位，建文帝少子文圭才两岁，被幽禁于凤阳，三世以后，至英宗朝方得放之，年五十七，尚不能辨牛马。昔王莽篡汉，废尚在襁褓中的孺子婴为定安公，室内唯四壁，乳母只准喂奶，不能与其交一言，孺子婴成年后亦不能辨牛马。中国传统政治智慧往往一脉相承。

万历二年十月十七日，神宗问辅臣，“闻建文当年逃逸，果否？”张居正也说不出个所以然。这证明即使在皇室内部，建文帝朱允炆的生死也始终是一个疑问。自家事儿都稀里糊涂，又何怪野史奇闻之层出不穷?

成祖酷似其父

胡靖、王艮、李贯三人同乡，于建文二年同中进士，列前三名。燕军迫京城，王艮、胡靖和邻居的才子解缙于城陷前一晚皆集吴溥家中，解缙陈大义，胡靖亦慷慨，王艮独流涕不言。三人去，吴溥之子叹曰："胡叔能死，是大佳事。"而吴溥曰："不然，独王叔死耳。"语未毕，隔墙闻胡靖呼家人：外面喧闹，把猪看好。吴溥对儿子说：一猪尚不能舍，肯舍生乎？须臾王艮家中传出哭声，艮饮鸩死矣。朱棣入城，解缙、胡靖、李贯均驰谒，俱拜官。

燕军胜局已定，朱棣自燕王封地北平前往都城南京，军师姚广孝以方孝孺相托，说城下之日，此人必不降，幸勿杀之，"杀孝孺，天下读书种子绝矣"。朱棣颔首以为然。广孝虽不安分，但到底也是一读书人。

朱棣因起草即位诏书召方孝孺，孝孺大恸，朱棣慰之曰：先生毋自苦！吾效昔日周公辅成王故事罢了。孝孺曰：成王安在？朱棣曰：彼自焚死。孝孺曰：何不立成王之子？朱棣曰：其子方幼，国赖长君。孝孺曰：那么何不立成王之弟？朱棣曰：此朕家事。令左右授孝孺笔札，曰：诏告天下非先生大笔不可。孝孺投笔于地，且哭且骂：死即死耳，诏不可草。朱棣怒曰：你难道不顾惜九族？孝孺曰：便十族，奈我何？朱棣命磔于市。牵连而死者八百余人。

建文帝旧臣景清一日早期，独著红衣，怀刀入。成祖朱棣命搜之，得所藏刀，诘责，景清奋起大骂：欲为故主报仇！成祖怒，磔死，并灭族，又抄没其家乡。转相攀染，谓之“瓜蔓抄”，村里为墟。

为建文帝殉节的忠臣们死后，灾难降到了他们妻女的身上，或充教坊做官妓，或配功臣家为奴，或追嫁给最贱之人。消灭了人的肉体，还要从精神和人格上施加羞辱，成祖可谓酷似其父。

成祖对建文帝旧臣血腥屠戮，于旧臣遗族则恣意凌辱。原副都御史茅大方被杀后，其妻张氏年已五十余，被发送到教坊司去当官娼，不久病故，教坊司奏报，成祖批曰：“着锦衣卫吩咐上元县抬去门外，着狗吃了，钦此。”

永乐年间，刑科给事中陈谔每奏事，声大如钟，成祖朱棣令饿之数日，陈谔声音如故。成祖说这大概是天性了，称其为“大声秀才”。后来又不小心惹恼了圣上，成祖命活埋于奉天门外，仅露其首，七日不死，乃赦出。“大声秀才”大难不死，是该赞皇帝仁慈还是该夸自己身体素质好呢？

成祖立长子朱高炽为太子，其弟朱高煦宠不衰，解缙谏曰：“是启争也，不可。”成祖怒，谓其离间骨肉。缙又上书请凿章江水，便往来，帝大怒逮其下狱。又五年，锦衣卫帅纪纲上囚犯名册，成祖见解缙名，曰：“缙犹在耶？”纲归，灌醉解缙，埋积雪中，立死。

龙子无穷尽，不得不削藩

朱棣因为对削藩不满，打着“诛奸臣”、“恢复祖宗旧制”的旗号起兵，最后坐上帝位，但他心里比谁都清楚，侄儿朱允炆的削藩对帝位和王朝的稳固是有利的。他以反对削藩的名义举兵，最后还是要大力削藩，不过其手腕胜过侄儿，经过一番整治，终有明一代，藩王已完全失去对抗中央的本钱。

元璋之后，明代帝王虽对封藩制度不满，也不敢公然废之，“违背祖制”可不是一顶轻松的帽子。既要不违背祖制，又要藩王乖乖接受朝廷节制，就只剩下了一个办法：给他们以名分和富贵，国家养着他们，但将权力尽数收回。

对坐享富贵的藩王来说，国家会尽力满足其物质上的要求，甚至可以说朝廷就是希望你腐败，让你天天吃喝玩乐，因为这样才会消磨其壮志，使其沉迷于酒色中而不能自拔，就无法对中央政权构成威胁了。这是一种典型的“制度性的腐败”。

子生孙，孙又生子，朱氏宗室人数究竟有多少，史料记载不一。明史学家王春瑜推论说：“迄明之亡，宗藩人数当有十多万之众。”这样沉重的财政包袱，人民如何负担得起？有一组数字十分醒目：嘉靖中叶，全国每年供给京师米计400万石，而各处供给藩府子孙的禄米，却是853万石！当时就有大臣在奏疏中感叹：“百姓税粮有限，而宗枝蕃衍无穷。”

国家财政照顾不过来这么多王子王孙，只有依据血统亲疏以作区分。日久天长，宗藩子孙中产生了严重的贫富分化。封王的皇帝直系血亲占有广大的庄田，往往富可敌国，而那些疏远的藩属，却常常只有一个皇室宗亲的名分，并没有多少额外的好处。明末张翰在《松窗梦语》一书中就说：“宗室……贫乏者十居五六，甚有室如悬磬者……”

明王朝出于对宗室子弟的疑忌，还不允许宗藩子弟参加科举考试，不允许其上书言事，彻底断绝他们政治上的出头。这个状态下的宗藩子弟，除了吃喝玩乐，游手好闲，还能做出多少有益之事？

晚明学者王士性说宗室子弟“生于皇家，适以囚禁之”，顾炎武在《日知录》里更直截了当地说这些人“名曰天枝，实为弃物”。太多宗藩子弟就这样从“人”变成了“废物”。

宣宗与英宗

成祖立太子，即后来之仁宗，但太子之位遭仁宗之弟、汉王朱高煦觊觎。一日，成祖命仁宗、高煦等谒太祖之孝陵，仁宗因体肥且有足疾，雨中常失足。高煦从后笑曰："前人蹉跌，后人知警。"仁宗之子即后来的宣宗在后应声而答："更有后人知警也。"高煦回顾失色。

朱棣造反，其子汉王朱高煦功大，成祖有意立为储君，密问解缙，缙曰："皇长子仁孝，天下归心。"成祖不应。缙又顿首曰"好圣孙"，谓宣宗也。成祖颔之，太子遂定。

仁宗死，宣宗即位，叔父朱高煦谋反，或劝宣宗亲征，帝有难色，因问阁臣夏原吉，对曰：昨见命将而将无不色变，在朝尚如此，战场上又待如何？圣上亲征，则一鼓可平。将领一听要与皇帝叔父打仗居然色变，并非胆小，盖如当年成祖朱棣所言，打得你死我活也不过是"朕家事"，外人卷入其中，正所谓"疏不间亲"也。

宣宗亲征朱高煦，擒之，遂锢高煦于西内，废为庶人。几年了，虽有其他亲王请求赦免，宣宗均不许。一日，帝往西内，兴致盎然地察看高煦被锁之状，高煦突伸一足，勾宣宗倒地。宣宗大怒，命力士抬了三百斤重的铜缸压在高煦身上。高煦多力，把缸顶起，宣宗又命于缸上堆炭燃之，久之火炽铜熔，高煦死，诸子皆死。

宣宗之子英宗当朝，太监王振用事，营新宅成，江南巡抚周忱以松江府所织“绒地衣”（即地毯）馈之，王振试用，广狭毫厘不爽。此后凡周忱奏请，无不如意。而后周忱在江南极著政声。

太监王振戏王佑曰：“王侍郎何无须？”佑即答曰：“老爷所无，儿安敢有？”

蒙古族瓦剌部也先崛起，于正统十四年七月侵入内地，英宗受王振蛊惑亲征，兵败退却时，王振原拟让皇帝经过其家乡，驾幸其第以显示威风，走了一段却又怕大军损坏了自己的田园庄稼，命复折而东，蒙古骑兵乃追及，明军于土木堡几全军覆没，英宗被俘。护卫将军樊忠混乱中锤死王振，曰“吾为天下诛此贼”。

土木堡之役，明军五十万众，死伤过半，蒙古骑兵实仅二万。以致后来也先见到明朝使臣都感到诧异：“土木之役，六师何怯也？”

英宗被蒙古骑兵掳入沙漠，所居止毳帐敝帏，旁列一车一马，以备迁徙而已。从官均奔散，独锦衣校尉袁彬不离左右。夜则与帝同寝，天寒甚，彬常以胁温帝足。某日袁彬中寒，英宗忧甚，以身压其背，汗出而愈。英宗居漠北期年，视彬如骨肉。也许只有在这种语境下，高高在上的皇帝才会恢复正常人的情感。

景帝（英宗异母弟朱祁钰）先监国，后登大位，遥尊为也先所掳之英宗为太上皇。景泰元年十月，也先奉上皇至大同，胁诸将开关，总兵官郭登不纳，说“国有君矣”。英宗遣人指责郭登：朕与登有姻亲关系，何以拒我？登奏曰：臣奉命守城，不知其他。英宗怀恨，直到复辟才找到报复的机会。忠于国家的郭登险些丢了脑袋。

英宗：谁都不想要的“鸡肋”

明廷一意用于谦抵抗也先，坚决主战而不言和。也先于边不能得志，只有求和一途，而和议起则英宗返矣。较之南宋，唯主和而徽、钦二帝卒不能返。景帝非真欲上皇返者，而不知袭宋高宗之故智，以和议误军事，其不通权术，实为明宗社之幸，于谦则社稷之臣。

谁都想当皇帝，谁都想自己的儿子当皇帝，当英宗北狩之际，景帝为诸臣所推，初犹逊谢，还要等到太后降旨才肯即位。但一登大宝，其欲夺英宗之子朱见深继嗣权的渴望马上变本加厉，可见当初谦虚只是表面功夫也。

景帝欲另立自己儿子朱见济为太子，但苦于一直没有机会和正当理由。广西官员黄宏纠集儿子和部众为了夺权，深夜突袭，杀知府一家，巡抚立即上报朝廷，拟逮其父子治罪以申国法。黄宏一方面派人入京向权臣行贿，一方面揣摸景帝心意，上章请更换太子“永固国本”，景帝大喜，“万里之外，乃有此忠臣！”立释黄宏父子。

也先拟奉还英宗，大臣商议遣使相迎，景帝不悦，说我当时并未贪大位，实为卿等所强推。于谦从容曰：天位已定，岂容有他？但理当奉迎，万一也先怀诈，我亦有词应对也。景帝改容而道：从汝从汝。议遂决。

宋高宗不想徽、钦二帝回国，却天天说迎驾，日日言求和，且不惜杀猛将以媚敌，输厚币以饵敌。金人以为一失二帝，宋朝未必如此服帖，更居为奇货。景帝不欲上皇归，却令诸将奋勇御敌，而不与敌讲和，使也先失贡市之利，手中的英宗等于鸡肋，反而成为“你不要我偏送”了。

景帝遣使迎英宗归，仅备一轿二马，众臣有提升礼仪之谏者即遭申斥，其不欲英宗归来之意一泄无遗，却不知袭宋高宗之故智，而徒于小节处流露初衷，可谓城府不深矣。

景帝禁哥哥英宗于南宫，为避免死灰复燃，派人严加看管，不许群臣朝见和交往。最妙的是，南宫及附近的树木也被砍伐干净，此无他，怕树木遮挡，不便从外窥视也。

英宗被景帝禁于南宫八年，所居甚湫隘，所食自洞入，纸笔也不多给，恐其通外。皇后为生活计竟至刺绣出卖。

夺门之变

景泰八年正月，景帝病重，召以军功封侯的石亨至病榻前，要其代行郊祀礼。石亨归家后与同党商议，谓若让太上皇复位可称奇功。准备行动之际，左副都御史徐有贞假装到屋顶观天象，“事在今夕，不可失。”有贞对外人要装模作样鼓舞士气，但和家人分别时还是不得不说实话：事成社稷之利，不成家族之祸；归，人；不归，鬼矣。

左副都御史徐有贞等人借景帝病重之机，拥英宗复辟，是谓“夺门之变”。诬于谦谋逆大罪，置极刑。奏上，英宗犹豫，说于谦实有功。有贞曰：“不杀谦，此举为无名。”于谦死，边防废弛，边警不断，英宗侍臣曰：“使于谦在，当不令寇至。”英宗默然。

英宗复辟，以石亨首功，进爵忠国公，眷顾特异。帝命有司为亨营第，既成，壮丽逾制。帝登楼见之，问谁所居，旁有人谬对曰“此必王府”，帝曰“非也”。“非王府，谁敢僭越至此？”帝颔之，石亨宠眷自此衰矣。

石亨从子石彪镇大同，报称边关大捷，内阁询详情，石彪所遣使者但言“捕斩敌人无数”，因为首级太多，不能全部带来，均枭首置于林木之间。辅臣岳正以指按地图诘问：某地至某地，皆沙漠，尔等如何放置敌人首级？其人语塞。

英宗复辟，怀想王振不已，刻木为王振形状，招魂以葬，又为其建祠曰“精忠”。

李贤，英宗、宪宗两朝名臣，撰《天顺日录》记英宗二次登基后之史事，始曰：土木堡之变，“天下闻之，惊惧不宁。赖今上皇帝以太弟即位，尊兄为太上皇，人心始安”。再往下写，又曰：景帝“不孝于亲，不敬其兄，不睦其室，朝廷之上，怨恨忧郁，灾遍天下”。时人惊叹“前后何不类如此！”盖政治正确因时而异也。不过古人到底忠厚，还肯留下一点痕迹。

景帝废后汪氏，生二女，无子。英宗复辟，景帝死，后宫被英宗逼令殉葬，唯汪氏因两女尚幼而独存。一日，英宗问太监：记得以前宫中的一根玉玲珑腰带，今何在？太监言当在妃所，英宗命索回，汪氏掷腰带于井，回答说我手里没有这样东西，既而又告人曰：可惜景帝当了七年天子，难道不配消受这“数片玉”？有人说汪氏从宫中携出的资产高达巨万，英宗遣使一一检取，立尽。

“吾不自治，谁能治吾？”

英宗死，儿子朱见深继位，是为宪宗（年号成化）。时万贵妃专宠，凡后宫怀孕者皆使堕胎。孝宗生，为太监张敏和宫女所藏，帝不知。一日，帝召张敏梳发，揽镜喟叹“老将至而无子”，敏伏地曰“万岁已有子也”。帝愕然，问儿子何在，对曰我说了他就没命了，圣上应该为皇子作主。帝大喜，遣使往迎皇子，妃抱皇子泣曰：“儿去，吾不得生。儿见黄袍有须者，即儿父也。”已而妃暴卒，张敏大惧，吞金死。

孝宗既立为皇太子，时宪宗生母孝肃皇太后居仁寿宫，因对万贵妃不放心，命太子居仁寿宫。一日，贵妃召太子，孝肃谓太子曰：“儿去，勿食也。”太子至，贵妃赐食，答曰“已饱”，进羹，又曰“疑有毒”，贵妃大怒，此儿数岁即如此，他日必定视我为鱼肉。怒火攻心而成疾。

弘治年间，太监李广以旁门左道受宠，大臣多行贿走他的门路。事败，饮鸩死。孝宗认定其家必多奇方秘书，结果搜得一卷纳贿簿籍，簿中所载私送黄米几百石，白米几千石，通计数百万石。孝宗怪之：李广食量多大，怎么会收这么多米？左右对曰：“黄米即金，白米即银。”言官要求公布簿籍，按名究问，凡列名者均惶惶不安，各自趁夜深时分赴某巨公家求救，不期而会者凡十三人。

历代帝王后宫佳丽上千，故无不沉迷女色，可谓之“多欲种子”而不可称为“多情”。然孝宗却是特例，其与张皇后感情至笃，终身不近嫔御。史臣感叹：“琴瑟专一，出自掖庭，玄鸟呈祥，遂在中宫，尤古今仅事云。”李东阳挽孝宗诗曰：“内廷无女谒，外囿绝禽荒”，盖写实也。

弘治朝，孝宗任用贤良勤于政事，史称“弘治中兴”。然与太祖、成祖相比，孝宗才具也不过常人而已，和仁宗、宣宗相似。是乐意于所谓雄才大略的皇帝之下讨生活，还是愿意在一个常态的君主之下过日子，于庸夫俗子而言是个不言而喻的问题。

求实话于帝王至难，而孝宗曰：“吾不自治，谁能治吾？”此明朝帝王之最大实话也。“上嘉纳之”遂成为史学家记载孝宗对待大臣奏折最常用的描述，集众智为己智，故能使中人之孝宗成为一代明主也。

宪宗、孝宗时之吏治

汉唐宰相是法定的最高行政长官，拥有法定的权力。明朝内阁大学士（简称“阁臣”或“辅臣”）也有宰相之名，但其与汉唐宰相的重要区别是，其权力大小完全以皇帝信任程度为转移。内阁最大权力是票拟，即代皇帝拟旨，而票拟是否算数，须由皇帝批朱。从此可见明朝达到了中国历史上君主集权的最高峰。

人臣既以入阁当大学士为光荣和最大利薮，乃无所不至。宪宗时，万安无学术，入阁后唯结太监为援，时万贵妃宠冠后宫，万安通过内侍向贵妃致殷勤，自称子侄辈。贵妃有宠，但一直为出身卑微而愧，今有阁臣自称子侄，乃大喜。宪宗失德，万安见帝时无他语，只知顿首口呼万岁而已，“一时传笑，谓之‘万岁阁老’”。

刘吉于成化十一年入阁，与万安等同在内阁，对宪宗胡作非为全无匡正。时有谣云：“纸糊三阁老，泥塑六尚书。”其人虽无才干，但投机有术，屡为言官所纠弹，却一直不失官位。“人目之为刘棉花”。棉花者，耐弹之物也。

孝宗（年号弘治）朱祐樘初即位，于宫中得疏一小箧，内容皆讲论房中术，末署名曰“臣安进”，原来是阁臣万安与他老子宪宗皇帝切磋房事也。孝宗令太监拿到内阁，诘责：这岂是大臣所当为？万安愧汗伏地，不能出声。即罢归。

万安罢归后，住省城，专为人请托，居中谋利。或问其既已免官，何不归故乡？答曰：“我在内阁止有银十八万，等到攒足二十万便回。”当时传为笑谈，但明后期思万安此言，拿其二十万的目标与后来的阁臣相比，又不能不大感叹：万安简直可称廉吏矣。

弘治年间，宪宗、孝宗两朝名臣刘大夏督广东，旧规，官库中有一项节余从来不上公家账簿，历来任事者皆取去以充私囊。大夏初至，发库藏，犹有节余，库吏以旧规相告，并云不当入账。大夏沉吟久之，大声呼曰：“刘大夏平日读书做好人，如何遇此一事，沉吟许多时？诚有愧古人，非大丈夫也。”乃命库吏尽作正常开支使用，私人一毫不取。诱惑在前，大夏之迟疑正见人性本色。

顽童明武宗

孝宗之子武宗（年号正德）以荒嬉出名，一日在宫中偶见黄葱，这个顽童性格的皇帝拿着黄葱吹气为乐，太监遂以车载进奉，葱价陡贵数月。

宁夏边关报警，明武宗朱厚照拟御驾亲征，诏曰：“今特命总督军务威武大将军总兵官朱寿统率六军，随布人马，或攻或守。”四天后又下诏旨：“今特加威武大将军公爵俸禄。”所谓威武大将军总兵官朱寿，即武宗自己也。在武宗眼里，朱寿比朱厚照的名字好，而“爵爷”也比“圣上”叫来好听。

正德十二年八月，武宗微服出京，到居庸关，传令开关。巡关御史张钦严拒之，持朝廷印章，握剑坐于关门下，厉声曰“敢言开关者斩”。几天后张钦出巡，武宗乃疾驰而出，钦闻，追之不及。次年，武宗从宣府还，至居庸关，笑曰：“前御史阻我，我今已归矣。”然亦不罪之。

武宗对商贾之事充满了好奇，专门开了家皇店，令太监们著贾人衣贸易，“持簿握筹，喧诟不相下”，还安排了一个市场管理人员居间调和。武宗乐甚。

众大臣谏武宗南巡，百余人罚跪午门外五日，至暮，则系于狱中。诸臣晨入暮出，累累若重囚。道路旁观者无不泣下。

缙绅阶层居乡强横，几为一公害。武宗时辅臣梁储之子梁次摅与富人杨端争民田，杨氏杀田主泄忿，梁次摅遂率家丁灭杨氏二百余人，事发，次摅仅被遣至边关从军而已。梁公子有奇癖，其最喜将人阴茎扎紧，以针刺之，“血缕高数尽，则大叫称快”。梁公子之恶行刺激了清朝诗人赵翼的自豪感，于《二十二史札记》中连连感叹：民之生于我朝者，何其幸也。

正德十四年六月，宁王朱宸濠以清君侧为名起兵造反，八月间为汀赣巡抚王守仁平定，并已擒获。武宗誓师太庙、校场阅兵，还要玩玩御驾亲征的游戏。为了游戏效果逼真，宠臣江彬要求王守仁将朱宸濠“纵之鄱湖”，等武宗亲自擒获，然后奏凯论功。

武宗南巡，须从内阁那里获得拟制之敕书，首辅杨廷和拒之。据廷和日记，太监至内阁中哀求，“我辈亲奉圣旨，今日无敕，你等不必来见，可投金水河死也”。廷和笑曰：“公等不必死，若果欲加罪，止罪廷和。公等可以此言复命，再迟一年也是如此说，廷和决不敢奉命。”太监至午复来，罗拜于花台前，以尊称呼廷和，声不绝口。廷和曰：“我所知者太祖太宗之法，太祖太宗以奉天承运皇帝六字，传之万世圣子神孙，廷和何人，敢称朝廷为威武大将军镇国公耶？”

刘瑾：从擅作威福到“凌迟三日”

太监刘瑾渐用事，内阁辅臣中刘健、谢迁坚持以道事君，早早罢归，只剩下一个李东阳，势单力薄，对刘瑾“稍因循隐忍”，乃为气节之士所非议，但李东阳的隐忍也保证了善类未被刘瑾全面祸害。大臣是要与国休戚与共的，固然不能大节有污，但洁癖太深，又置国家于何地？

武宗正德年间宦官当权，往来运河者无虚日，每到辄吹号拉夫，民不堪命。王西楼赋《朝天子•咏喇叭》一曲：“喇叭，唢呐，曲儿小，腔儿大；官船来往乱如麻，全仗你抬身价。军听了军愁，民听了民怕，那里去辨什么真共假？眼见的吹翻了这家，吹伤了那家，只吹的水尽鹅飞罢！”太监之狐假虎威跃然纸上。

李东阳与刘瑾周旋，为清议所不容。一日有人投以诗云：“清高名位斗南齐，伴食中书日已西。回首湘江春水绿，子规啼罢鹧鸪啼。”首句说李名位如南、北斗星，次曰其碌碌无为，不过“伴食”而已，最后一句最为多讽，“子规”啼声近于“不如归去”，而鹧鸪则似“行不得也，哥哥”，盖讥东阳既想“归去”又有“恋栈”之心也。

刘瑾擅国日，邵二泉与同官某以公事往见，此人偶失瑾意，瑾大怒，以手拍桌，二泉惊倒，遗溺于地。二泉甫出而苏州汤某继至，瑾与汤最厚，执汤手而入，因指地下湿处笑谓汤曰："此是你无锡邵宝洒的尿。"

正德五年，刘瑾以谋反罪被判死刑，圣旨特批"凌迟三日"。参与监刑的张文麟于其年谱中详记："凌迟刀数，例该三千三百五十七刀，每十刀一歇，一吆喝。头一日例该先剐三百五十七刀，如大指甲片，在胸膛左右起。初动刀，则有血流寸洗，再动刀则无血矣。"第一天没有割完，晚上还将刘瑾押至宛平县收监，"释缚，瑾尚食粥两碗"。因第一天刘瑾受刑时"颇言内事"，次日动刀则"以麻核桃塞口"，数十刀后，气绝。被刘瑾所害的家属，争取其肉以祭死者。张文麟叹曰：逆贼之报亦惨矣。

刘瑾下狱，每逢官员审问，就说此人本是我党，弄得谁也不敢做审案官。驸马爷蔡震厉声曰："我是皇家至戚，肯定不会依附你！"命狱卒拷掠，瑾乃服罪。刘瑾并未胡说，其专权时，几人敢不向他示好？被皇帝厌弃的刘瑾虽然成了死老虎，但那张嘴还是让人心惊胆寒，否则后来将其凌迟处死时，也不必费心"塞其口"矣。

大议礼之争：尊君还是重道？

武宗荒唐无子，其堂弟朱厚熜得以外藩入继大统，是为明世宗（年号嘉靖）。按照传统宗法伦理，世宗应尊武宗之父即孝宗为皇考，而改称生父为皇叔父，母亲为皇叔母，否则就意味着孝宗无嗣。但世宗只认孝宗是皇伯父，坚决要为亲生父母上尊号。世宗和坚持传统宗法伦理的大臣们遂爆发了“大议礼”之争。争论之初，初即位的世宗权威不够，只能撒娇曰：我不干了，我要和母亲回藩国去。

大议礼中，世宗为拉拢大臣，不惜派太监给辅臣毛澄下跪，“人孰无父母，奈何使我不获伸？”并奉上金条。毛澄奋然曰：典礼俱在，老臣悖耄，唯去职一途。首辅杨廷和且四次封还御批，即不奉诏也。士大夫之精神和嘉靖作为常人的真实的伦理情感，俱在其中矣。

因首辅（即名列第一的辅臣）杨廷和的推举，世宗方能以外藩身份登大宝，而大议礼中，此人又带头与皇帝顶牛，世宗对廷和难免心态微妙。嘉靖七年他为大议礼定案时，犹愤愤不平地说，廷和“以定策国老自居，门生天子视朕”，“法当戮尸”，“特宽宥削籍为民”。

地位渐固，世宗态度渐趋强硬，终于嘉靖三年七月将参加抗议活动的134人抓进监狱，然后给以或戍边或廷杖或罚俸的处罚，17人被杖死。貌似茶杯里的风波，实为帝王之势与儒家之道的较量。杨廷和之子状元杨慎尤慷慨激昂："国家养士百五十年，仗节死义，正在今日！"

元璋首创"廷杖"，被明清史专家孟森先生称为"明代特有之酷政"，严重摧残着士气，影响着知识分子的风尚。后代统治者没有其治国的手腕，但羞辱知识分子的嗜好却一以贯之。

大议礼中，杨廷和为首的文官们损失惨重，自此君子离朝邪人迭进，明人徐学谟即批评杨廷和等"未免高激成风，失事幼君之体"，给了邪人进用的机会和空间。思想家李贽则曰：杨廷和等人"可以许其忠而未敢许其妙"。

通过大议礼之争，世宗人格的两大特征日渐突出：一是强烈的专制欲望，不肯对权力丝毫放松，对权力的过分迷恋又导致了他敏感多疑的心理，不相信任何人，在情感上成了名副其实的孤家寡人；二是对个性突出的臣子的忌恨与反感。

"君之所争为孝思，臣之所执为礼教，各有一是非，其所可供后人议论者，正见明代士气之昌，非后来所能及耳。"孟森论大议礼此言最当。

嘉靖阁臣之倾轧

大奸臣严嵩未蒙大用之前，于家乡江西分宜之钤山筑室读书七年，又折节交往贤士，遂名满天下。严嵩之子世蕃亦有奇能，时京师有“大丞相小丞相”之谣。成天惦记长生不老的嘉靖皇帝所下手诏常人看不明白，“惟世蕃一览了然，答语无不中”，弹劾他人往往一挥而就，即能致政敌于死地。小人无不多才，信然！

同为阁臣，皇帝左右小太监谒首辅夏言，言视之为奴；又谒严嵩，嵩必殷勤执手延坐，又密持黄金置其袖。世宗又遣太监夜探夏言、严嵩值班时何为，言已酣卧；而嵩早知，故于灯下独坐修改青词。世宗渐喜嵩而恶言。

按朝廷制度，内阁辅臣日给酒馔，共食之。夏言家资富厚，要求朝廷不必为他准备饭食，自携酒肴甚丰，器物皆用金。另一位辅臣严嵩则食官家所供，草草而毕。二人对案而食，拥有佳肴的夏言“不以一匕及嵩”。夏言之霸道、严嵩之虚伪由此而见，而夏言终为严嵩所覆。

在一位刚愎自用的君主统治之下，最终形成的必然是阴柔的士风。嘉靖宠严嵩，正因其风格适成对比和互补：帝以刚，嵩以柔；帝以骄，嵩以谨；帝以英察，嵩以朴诚；帝以独断，嵩以孤立。

世宗不能一日无严嵩，严嵩又不能一日无其子，臣僚以事请嵩裁断，嵩必曰："与小儿议之。"

严嵩代夏言为首辅后，阁臣徐阶借口避倭寇之乱迁家至江西，算是和祖籍江西的严嵩有了"乡曲之谊"，又与严世蕃结为姻亲，严嵩遂坦然不以徐阶为意。严氏败，徐阶立刻卖掉南昌宅第，"解江右（即江西）之籍"。

严世蕃最后被逮，说贪污受贿这一点我无法掩饰，但这不是圣上所深恶者。世蕃可谓深知帝心。早在嘉靖二十六年，吏部尚书许赞上疏揭发严嵩父子受贿，嘉靖即反诘曰：尔等真的一钱不受？辅臣徐阶说得明白："皇上只要人干事，不怪人要钱。"

嘉靖四十一年，严嵩父子均罢斥待罪。因世宗尚不想世蕃速死，徐阶一派惧其死灰复燃，欲穷追猛打，上疏攻之，其中重提冤杀杨继盛、沈炼之事。徐阶见疏大惊：杨沈之狱，当年可都是严嵩巧取上旨，如今重揭伤疤岂不是彰圣上之过？此疏一上，诸君且不测，更不用说要杀严公子了。遂削去，仅坐实其图谋叛乱之罪。世蕃死矣。

“公卿之辱前所未有”

严嵩致仕，徐阶代为首辅，写了三句话挂在阁臣值班房里，曰：“以威福还主上，以政务还诸司，以用舍刑赏还公论。”三句话拍了三方马屁：皇帝，百官，舆论。徐阶果然八面玲珑。

在斋醮仪式上，需用青词——这是写给天神的奏章表文，一般用骈俪文字，因用朱笔写于青藤纸上，故称青词。世宗常搞斋醮，大臣无论贤与不肖，非善青词而不能得宠。“青词宰相”应运而生矣。

明人范守己说，他于内阁首辅徐阶处尝睹嘉靖皇帝谕札和改定之稿，发现大学士所票拟者，世宗均一一改定，即使辅臣所拟深惬帝心，也必改易数字以示“明断”，若不合圣意，即令再拟，再不合意，指斥随之矣，故阁臣无不惴惴。范氏慨叹：别人都说辅臣有拟旨大权，几乎把持着国柄，焉有此理！

嘉靖初，致仕刑部尚书林俊曾述廷杖之变迁曰：成化时廷杖不去衣，还许穿厚棉底衣、重毡叠裹，卧床数月而后得痊。正德时，太监刘瑾利用专权，始令去衣，廷杖之残酷遂又进一层矣。

廷杖情形，据明人笔记所记：“一人持麻布兜，自肩脊以下束之，左右不得动，一人缚其两足，四面牵曳，惟露股受杖，头面触地，地尘满口中。”太监们掌握用刑轻重，“足如箕张，则囚可生，靴尖一敛，则囚无生理矣”。唯因用刑可轻可重，故廷杖本非死罪，但被杖者往往毙命。

嘉靖一朝，史称“公卿之辱前所未有”。詹事霍韬上疏，说士大夫有罪交付司法机关，“废之、诛之可也”，乃使厂卫人员当众绑缚，脱帽去衣，异日这些粗鲁的武夫悍卒看到士大夫就会得意洋洋，某某，我曾经羞辱过他，某某，我曾经打过他板子，如此一来，士大夫脸面何存，又还有谁会把气节当回事儿？

嘉靖二十一年，工部员外郎刘魁上疏劝谏，事先令家人买好棺材。世宗震怒，命杖于廷，锢之诏狱。但这副棺材到底未派上用场，皇帝没想你死你暂时就得活着。

嘉靖三十五年，吏部尚书李默给考生出题：“汉武、唐宪以英睿兴盛业，晚节用匪人而败。”政敌奏默诽谤圣上，遂下狱。可是按照法律，并无“臣骂君”的条文，帝曰：“子骂父”，以律论绞，不著“臣骂君”，以为必无此等悖逆之事，今有之，应该罪加一等嘛。默竟瘐死。世宗“举轻以明重”，俨然一法律专家，唯轻重只是皇帝一人衡量。

嘉靖朝之百态

嘉靖二十九年八月，蒙古鞑靼部落首领俺答纵兵侵扰北京郊县，其兵锋距皇城才二十里。世宗急召内阁首辅严嵩等人议方略，嵩曰“此抢食贼耳，不足患”，兵部尚书丁汝夔亦曰：“饱虏欲，当自去耳。”让敌人吃饱喝足，俨然成为一退敌良策。

俺答围城，世宗促诸将迎战甚急，兵部尚书丁汝夔咨询严嵩，嵩曰：往日在边关打仗，败了也就败了，相隔遥远可以掩败为胜，而今天子脚下，拿什么蒙他？谁来负责？有了首辅的旨意，诸将乐得闭营高卧。蒙古骑兵更无所顾忌，骚扰京畿达八日之久。

嘉靖末年，政以贿成。或作妙文“裁缝问答”，说是某言官要制衣服，裁缝问官人是“新进衙门”或“居位有年”还是“久于其位”？言官不满：你做就是了，何来这些废话？裁缝答曰：不然。新进者，趾高气扬，陵跞前辈，其胸必然挺高，袍须前长后短；既据要津，熟谙世故，骄气已平，则前后可如常式。倘居位有年，则唯恐旁人挑剔，妨其大用，就只会俯首鞠躬了，故而袍须前短后长方为得体。

世宗喜“祥瑞”，督抚大臣们隔三差五就上一道贺表，直至白兔下仔、白龟孵卵之类在地方官笔下都成了圣朝之大吉，要献入太庙，向列祖列宗报告喜事。神州无处不祥瑞。

世宗服食多种“诡秘不可辨，性极燥热”的丹药，中年之后几乎已是一精神病人。他讳言立太子，因为据说“二龙不能相见”，子女辈们入宫请安也要严格限制。权力过大者往往会成为情感上的孤家寡人。

万历是世宗之孙，出生后因为“二龙不能相见”，他老子即隆庆皇帝居然不敢将此喜信奏报，也不敢按时为儿子剪去胎发，一直匿养于府中，等同小厮而已。一个平日受世宗宠爱的宫女找了个机会奏报，世宗大怒，“宫中股栗”。

嘉靖皇帝信方士之言，通过虐待童女获得炼药原料，称为先天丹铅。嘉靖二十一年，杨金英等十六名宫婢不堪折磨，趁世宗熟睡之际，欲将其勒死，但慌乱之中居然“不谙绾结之法”，绳子未能勒紧，声音传到宫门外，皇后方氏带人赶到，嘉靖勉强只剩一气矣。

世宗遇弑，气几绝。御医许绅调药下之，数剂而愈。许绅由此而加太子太保、礼部尚书，赏赐甚厚。明代医者官最显，许绅一人而已，但未几即得疾，自知不起，人问之，答曰：当时宫变，明知吾药不灵必杀吾身，因此惊悸，精神耗尽，非药石所能疗也。果卒。

龙涎香乃道家举行斋醮仪式时所必需，然多产自异域，所以偶尔会不及供应。嘉靖四十年，一场大火烧尽了宫中蓄积的龙涎香，世宗索求甚急，户部尚书高耀用七百六十两银子买得八两，诡称购自民间，实为太监窃于内库也。世宗大喜，立加高耀太子少保。

好色穆宗懒上朝

嘉靖宠爱方士，最得宠者系陶仲文，因贡献房中秘药以一仓官而至礼部尚书，其方乃用红铅加童女初潮精炼而成。世宗死，其子穆宗（年号隆庆）即位，仍常服用此方，《万历野获编》谓其“阳物昼夜不仆”。穆宗一生极少上朝视政，缘于此也。

落魄文人赵全投靠蒙古鞑靼部落首领俺答，为其划策，后俺答以其交易为明廷俘获之孙，赵全于隆庆首辅高拱面前自诉：“小的在虏用事多年，也曾替他掠地攻城，使他大得志。……我孝顺他可谓至矣。乃今为他一个孩子，将我绑缚而来，不如蒿草，无恩至此，我恨不得食其肉。”汉奸贱相往往如此。

穆宗想吃果饼，尚膳监及甜食房各开办松、榛、饧等物，其值需数千金。帝笑曰：“此饼只需银五钱，便于东长安大街勾阑胡同买一大盒矣。何用多金？”太监俱缩颈退。原来穆宗早年因不得他老子嘉靖所喜，过惯了苦日子，胡同之果饼系其常吃之物也。

穆宗以懒出名，每年祭祀祖宗的仪式都不愿参加，诏命亲贵代行，朝臣奏章也不批答。虽然处理朝政形同木偶，但于淫乐之事却特别上心。礼部尚书高仪劝谏宫女已积有数千，不宜再选。

刚上的奏章一天后就有了圣旨：“宫女不多罢！”群臣相顾苦笑。

隆庆二年正月，民间讹言朝廷点选秀女入宫，四处惊惶，杭州尤甚。良家女子七八岁以上，二十岁以下，一时不及央媒择配，纷纷仓猝寻嫁。官府出面禁止，百姓就黑夜潜行，歌笑哭泣之声达旦，千里鼎沸。

皇帝选秀女的消息传出，人心惶惶。某富家雇锡工，在家造锡器，有女未配，又不敢出门择人，夜半情迫，急呼锡工起床曰：“可成亲也！”锡工熟睡被扰，揉眼一看，堂前红烛辉煌，主人之女已艳妆待矣。

穆宗懒惰好色，但《明史》称其“端拱寡营，躬行俭约”、“继体守文，可称令主”，何也？盖隆庆一朝人才济济，徐阶、高拱、张居正、王崇古、戚继光辈皆一时之选，皇帝不管事，大臣正可有为。很多时候，皇帝不管事胜过滥管事。

隆庆三年，郑履淳上疏：陛下登基已经三年，“曾召问一大臣，面质一讲官，赏纳一谏士，以共画思患豫防之策乎？”简直是责问皇帝就没干过一件正事儿。然穆宗不以为意。明人修《穆宗实录》，赞其“属任大臣，引大体，不烦苛”，良有以也。

初欲振作的小神宗

穆宗死，神宗（年号万历）继位，仅十岁。司礼监太监冯保受太后之托，对万历小皇帝管教甚严，神宗十分敬畏，呼为“大伴”。偶尔与小太监游戏，远远看见冯保，辄正襟危坐曰：“大伴来矣！”

一次万历小皇帝读《论语》，误将“色勃如也”之“勃”字读作“背”音，首辅张居正于旁厉声纠正“当作勃字”，声如雷鸣，神宗悚然而惊，同僚无不失色。

神宗之母慈圣皇太后集严父慈母于一身，一心期望造就一个圣君。为了保证效果，“使张先生闻，奈何！”成为其吓唬万历的口头禅。殊不料物极必反，神宗自此埋下了仇恨张居正的种子。

万历元年正月十九日，不来上朝者119名，万历二年二月二十三日，失朝者高达274人。神宗命御史纠查后均给予罚俸惩处。正月、二月，时在冬令，莫非京城天寒，官员们也会和顽童一样选择逃课？一两百号人不上朝，是否平日朝廷就没有点卯的习惯？小皇帝的纠风正见出其颇思振作之意。

万历二年十月二十日，神宗要求“今宫中宫女、内官，俱令读书”。这是个勇敢的行动，当年明太祖严禁宦官们读书识字，据说有利于防止他们干政。冲破祖制的神宗虽然年少，但与老祖宗相比，他清醒地知道：会不会识文断字并非宦官干政之关键。

万历初，蒙古鞑靼部落内部发生冲突，七八百人携带牛羊群东奔，欲向明朝投降。镇守辽东之骁将李成梁的部队却不问青红皂白纵兵冲杀，斩首四百七十级，收其牛羊群，李成梁立即以“长定堡大捷”的喜报送达京城，皇帝大加封赏。等到临时请假家居的首辅张居正觉得味道不对，哪有敌骑进犯还带上大批牛羊的道理？但木已成舟，因为下令封赏者，圣上也。

万历初，张居正当国，执法严厉，死刑例有指标，完不成者降罪。刑部员外郎艾穆去陕西会审死刑犯，与御史议定只处决二人，御史担心不合上意，穆曰：“我终不以人命博官也。”还朝，居正严加指责，穆曰：皇帝年幼，我遵上天好生之德，佐助您施行平允之治，如果有罪甘愿身受。一揖而退。

神宗大婚之后，受穆宗之托辅政的张居正犹不肯放权，动辄曰：“先帝临终，亲执臣手，以皇上见托，今日之事，臣不以天下之重任自任，而谁任耶？”居正固勇于任事，却正中王权之大忌。

海瑞：挂起来的英雄

嘉靖四十五年，户部主事海瑞上疏，首曰“天下之人不直陛下久矣”，又说民间因陛下的年号而传言曰：“嘉靖者，言家家皆净而无财用也。”嘉靖掷疏于地，“赶快拿海瑞来，不要让他跑了！”一太监在侧曰：此人素有痴名，其上疏时自知当死，已置棺木、别妻子，并遣僮仆，其必不跑。世宗默然，少顷，又取疏而读，一天读了三遍。仅系海瑞于狱。

世宗初崩，外间尚未知。分管刑部监狱的提牢主事认定海瑞从此将大用，设酒馔款待，海瑞以为这是死刑之前兆，“恣饮啖，不顾”。主事耳语：皇帝驾崩了，先生即将大用。海瑞大恸，所饮食全部呕出，“陨绝于地，终夜哭不绝声”。

海瑞初为淳安知县，布袍脱粟，令老仆种蔬菜自给，清名颇著，一次总督胡宗宪兴致盎然地发布了一条新闻：昨天听说海知县为母祝寿，在市场上买了两斤肉呢。

胡宗宪子过淳安，因对驿吏不满，将其倒悬。海瑞曰：过去胡公巡查，曾令所过之处不得铺张，今此人行装丰盛，必非胡公子。遂抄没胡宗宪儿子所携金银数千，上缴国库，又驰告宗宪曰：有恶徒冒充贵公子，我已惩处之。宗宪无可奈何。

世宗死，穆宗继位，擢海瑞以右佥都御史巡抚应天十府。海瑞飚发凌厉，而奸民多乘机告讦。或称海瑞迂滞不通政体，只适宜在陪都南京任一闲官。万历初，张居正当国亦不乐瑞。海瑞谢病归。在务实的张居正眼里，大众心中的英雄海瑞只宜挂起来供欣赏和点缀。

海瑞于应天巡抚任上立意整治兼并民田、横暴乡里之缙绅，自言“遇孱弱贫瘠则抚，遇势豪强暴则摧”，“法之所到，不知其为阁老尚书家也”。当时江南贵人首推原内阁首辅徐阶，海瑞即以律治之，余皆胆落，多窜往他乡以避海瑞之锋芒。

据《海瑞集》，海瑞自述其判决民事案件的标准：凡讼之可疑者，与其屈兄，宁屈其弟；与其屈叔伯，宁屈其侄。与其屈贫民，宁屈富民；与其屈愚直，宁屈刁顽。争产业，则与其屈小民，宁屈乡宦，这是“救弊”，而如果是因语言交际起了冲突，则与其屈乡宦，宁屈小民，这是“存体”。法律条文在海公这里显然并不重要。

万历十三年，张居正已死，万历起用时已72岁的海瑞为南京吏部左侍郎。海瑞献疏，认为“治化不臻者，贪吏之刑轻也”。因举太祖剥皮实草及洪武三十年定律枉法八十贯论绞，谓今当袭用太祖之制。劝皇帝使用虐刑，时议非之，连万历皇帝也说“重刑之说，有乖政体”。万历十五年，海瑞卒于官。《明史》对这位古怪的模范官僚下了个断语：当局任事，恐非所长，但用以镇邪恶励颓风，又未为无补。

张居正得权不正、用权不慎

隆庆首辅高拱欲逐大太监冯保，使亲近与次辅张居正议，“与君共此不世功”，居正阳笑曰“小事耳，何足言不世功”，而密遣人报冯保。次日群臣听诏，高拱以为必逐冯保，欣然约居正同入朝，早知内情的居正托称腹疾，缓缓进。果然不是逐保是逐拱。高拱“面如死灰，汗陡下如雨，伏不能起”，居正于旁掖之起，使两吏扶出。居正接替高拱为首辅矣。

驱逐高拱的诏旨下达，张居正上疏为高拱缓颊，“看得高拱历事三朝三十余年，小心谨慎，未尝有过”，甚至表示愿与高拱同罪，情愿“与拱一体罢斥”云云。戏演得不错，可惜时人已经看破，居正“耻居拱下，阴与保结为生死交，方思所以倾拱”，怎么可能真心挽留对手呢？

张居正之父张文明，连考七次乡试均名落孙山。儿子当了首辅，大半生不得志的老翁颇有发舒之感，劣迹著于乡里。居正致信给湖广地方官，承认“家人仆辈，颇闻有凭势凌铄乡里，混扰有司者”，又辩称“老父高年，素怀坦率”。好一个“坦率”。

张居正遭父丧，按照传统伦理应该交卸职务，回家守制三年，朝廷若有需要可以特批不必解职，谓之“夺情”。张居正的“夺情”虽出于皇上旨意，却实为不肯放弃权力的居正与冯保事前所谋划。冯保要皇上再三降旨挽留元辅张先生，居正为掩人耳目，也再三上疏乞求归里守制，演了一幕逼真的好戏。

万历六年，张居正请假回家葬父，向神宗辞行时不胜感恋，竟伏地痛哭，帝劝慰“先生少要悲痛”，话未说完，自己也哽咽流涕。居正忍泪告退，但闻神宗语左右曰：“我有好些话，要与先生说，见他悲伤，我亦哽咽，说不得了。”与日后对张居正严厉清算之神宗相比，让人难以相信哪个更为真实。

明朝旧制，藩王非迎驾及扫墓，不许出城一步。但张居正回籍葬父，途中两位藩王都出郊迎谒，且主宾倒置，非居正行朝见伏谒之礼，倒是两王以奉迎首辅为荣幸。冷眼旁观者曰：居正必败。

万历十年，神宗胞妹永宁公主下嫁京师富家子梁邦瑞。邦瑞早患重疾，人皆危之，但因冯保纳其数万之贿，首辅张居正力持，慈圣太后亦为所惑。成亲之日，邦瑞鼻血双下，沾湿袍袂，几乎不能成礼。太监于旁犹称喜事喜事，“挂红吉兆也”。婚后不到一月邦瑞即告不治，公主寡居数年而殁。

“高台倾”、“曲沼平”

张居正与人书，自称二十年前曾有一宏愿，以自己身体作为草席，“使人寝处其上，溲溺之，垢秽之”，哪怕“割吾耳鼻，我亦欢喜施与”。此语后世胡适极为称道，实则不过空谈耳。连批评的话都不能容忍，还会把耳朵割给别人吗？

张居正归葬亡父，一天之内，神宗连下三道诏书催其速归，甚至不乏“自先生辞行之后，朕心日夜悬念”等缠绵悱恻之语，拍马的湖北官员拟于湖北江陵建造“三诏亭”以资纪念。居正复书曰：将来如果时异势殊，“高台倾，曲沼平”，吾住所或许都非我所有，还能看到所谓“三诏亭”吗？无意识中，居正说了一句谶语。

万历十年六月二十日，张居正死。十二月，江西道御史李植觑准风向，上疏猛攻冯保与居正，神宗览奏大悦：“吾待此疏久矣！”多年心事，袒露无遗。

李植押宝得中，官职连升六级，得意之余，数为人言：圣上呼我为儿，每次看到冯保和张居正被抄没的宝玩则喜我。闻者薄之。

张居正长子张敬修自缢，时任首辅的申时行致湖广巡抚信中说：张家被抄出自圣怒，势不能挽。但审讯用刑至仆役已经够了，几位公子都有功名，所犯也并非叛逆大罪，而加以刑具，窘辱备至，“此敬修所以死也”。昨见传来敬修遗书，道路之人都会流泪。“此上关国体，下系人心，岂渺小哉！”

侍讲官于慎行因反对张居正夺情而去职，居正死后重新起用。目睹张居正在清算大潮中被全盘否定，这位曾吃过居正亏的人为其仗义执言，“当其秉政之时，举朝争颂其功，不敢言其过；至于今日既败，举朝争索其罪，不敢举其功”，痛斥两种极端“皆非情实也”。

张居正于死后被万历总清算，功绩也成了罪孽，给后世政治留下了极其恶劣的影响。近人陈登原于《国史旧闻》中痛言：“老母幽囚，弱子投缳，为国任事，结局尔尔。”后来崇祯时的杨嗣昌辈多叩头而少裁决，清朝曹振镛辈多叩头而少说话，是不是原因都在这里？

张居正嫁其女于夷陵刘一儒之子，一儒官刑部侍郎，居正当国时尝贻书劝戒。居正殁，亲党皆罢斥，一儒独以高洁免。居正嫁女时，珠玉纨绮满箱，一儒均锁于别室。居正死，资产尽入官，家人贫甚，一儒将前嫁妆如数奉还。

神宗二十几岁就患上头晕目眩的动火热症，张居正则患“下部热症”，君臣二人可谓同病相怜。时人已经指出，盖“饵房中药过多也”。

“皇上之恙，病在酒色财气”

万历一朝，神宗长期不上朝、不补官、不理政、不见廷臣，堪为历来皇帝中一大怪种。理由呢，“头眩风寒”、“身体软弱”，“必须静摄”，几十年如一日。

申时行于张居正之后居首辅，仅睹圣颜八次，其中五次还是在参加郊祭等礼仪活动中遥遥望一眼而已。神宗之荒唐惹恼了礼部主事卢洪春，他上疏称，皇帝如果真病，就当以宗社为重，杜绝娱乐，如果没病，就别“矫饰以起疑”了。一语戳中万历痛处，大骂“好生悖逆狂妄”，“着锦衣卫拿在午门前，着实打六十棍，革了职，为民当差，永不叙用”。

万历十七年十二月，大理寺左评事雒于仁上疏：“皇上之恙，病在酒色财气者也。夫纵酒则溃胃，好色则耗精，贪财则乱神，尚气则损肝。”神宗震怒，将置之重典。申时行等委曲慰解，说此疏不可发出，恐外人信以为真。自此章奏留中，遂成故事。而留中之例一开，大臣的谏言再激烈，也可以与皇帝和国家没有任何关系了。

雒于仁针对神宗的病症，又专门开出了药方，谓之“酒色财气四箴”，并且宣言：“臣今敢以四箴献，若陛下肯用臣言，即立诛臣身，臣虽死犹生也。”意思是你敢杀我吗？杀我我就是舍生取义。这种近于挑战皇帝权威的心态在谏官中颇具代表性。

神宗渐渐厌倦了中外章奏，后来即使是激烈指责自己的，也轻蔑地说：“此沽名耳。”并不加罪。时人或称赞皇帝宽大，独于慎行忧心忡忡地说：言官极论得失，目的是要人主动心，纵然降罪于言官，上意或许还会有所警醒，现在一律置之不问，就像人患重度中风，全身偏瘫，不可疗矣。

万历二十四年至二十七年，总觉钱不够花的明神宗派出矿监税使，于交通要津设卡征税，凡是过境的米盐、鸡豚、柴炭、蔬果等，都要雁过拔毛。在邪恶的制度之下，小人受到的庇荫总是最大，收益最多，结果“纳之公家者十一，吞之群小者十九”。但搜刮民财哪怕十分之九被矿监税使们侵吞，其余十分之一也是不小的数字，所以矿监税使毫无例外地成为神宗的宝贝。

开矿以求财源并不是问题，问题在于监督开矿的太监们对开矿业务一窍不通，却口含天宪，胡乱指挥，飞扬跋扈，贪赃枉法，与民争利。吏部尚书李戴上疏痛陈：地方已受剜肉割肤之惨，但对国库有多大收益？“徒使利归群小，怨归朝廷。”

“随我来，杀税官”

万历年间，漕运总督李三才上“天变人离疏”，说皇上每有催征，必曰内府缺乏，难道不知百姓更为缺乏？“皇上所谓缺乏者，黄金未遍地，珠玉未际天耳。而天下百姓之所缺乏者，朝夕不一饱，父子不相守。”两相比较，谁才是真正缺乏？

万历二十九年，矿监税使横行，看谁不顺眼，即指其屋曰“此处有矿”，家立破，或指其人曰“彼漏税”，则产立尽。

神宗大派税使，两三里间，关卡星罗棋布。南京市民陆二，以售灯草为活，所获不过蝇头微利，不堪沿途抽税，只好把灯草一气烧光完事。《金陵琐事》记此，叹曰：“税官如狼如虎，与强盗无异！”东林党人顾宪成说：长此以往，只出里门便有税，一蔬一腐也会有税，“民何所措手足乎？”

百姓不堪矿监税使盘剥，谣曰：“千人奋梃出，万人夹道看。斩尔木，揭尔竿，随我来，杀税官。”东林党人李三才看到危机迫在眉睫，上疏痛言：一旦众叛土崩，小民皆为敌国，到时候陛下块然独处，即使黄金盈箱、明珠填屋，谁来守卫？史学家感言“明之亡实亡于万历”。

万历三十四年正月云南民变，税监杨荣被处死后投入烈焰之中，其党羽之辎重焚烧殆尽。神宗闻讯后怒气冲冲，竟至绝食数天，直至慈圣皇太后劝解，阁臣上疏安慰，才消气进食，但对民变仍耿耿于怀，叹曰：荣不足惜，只是纲纪怎会坏到如此地步？

万历三十年二月，神宗患病，自以为不久人世，为身后名计想行最后的仁政，欲召回派出之矿监税使。首辅沈一贯欣然拟旨，中外欢呼如重生。不料次日帝病愈，立刻反悔，称矿税不可罢，并追回圣旨。给事中萧近高上疏曰：皇上试思病笃之时，珠玉满前有用否吗，能延生否？“所积者区区无用之物，所失者堂堂帝皇之信。”言虽沉痛，然而在已经活过来的皇帝那里只是耳旁风。

万历三十三年，内阁辅臣沈鲤进言：矿使出，害百姓还是第二义，皇上受亏实为最多。平日大臣以百姓不满为辞劝谏，神宗无动于衷，但一听说自己受亏最多，马上惊问原因。沈鲤回答：到处开矿破坏了天下名山大川，灵气尽矣，“恐于圣躬不利”。神宗问如何补救，鲤曰；无他，急停开凿，则灵气自复。神宗即下旨停止开矿。

国势日非，党争愈烈

万历十五年，水旱异常，民不聊生。户部侍郎孙丕扬特地把乡邻们吃的石头带了数升献给皇帝；万历二十一年，巡按御史陈登云又将饥民所食雁粪封进，刑科给事中杨东明则奉上自己所绘河南饥民啃食树皮，以至人相食的图画。一意勒索民财的万历无动于衷。其所宠爱之郑贵妃狠狠心拿出了五千两银子施赈，万历立即作为道德模范宣示于全国。

万历末年，山东饥馑，诸城县举人陈其猷进京会试，见老妪持一已死小儿，且烹且哭，陈问："既欲食之，何哭？"妪曰：吾儿"弃之且为人食，故宁自充腹耳"。陈记下此事又绘《流民图》上奏，并反省自己一到京城，"朋俦相聚，杯酌相呼"，"昨日之痛心酸鼻者竟漠然不相关矣"。亲历惨状且天良未丧如其猷者尚如此，其他人等又会置百姓之流亡于何地？

万历十四年，东林领袖顾宪成入京拜见同乡、次辅王锡爵，王曰：公居家久，是否知道京城近来有一异事？宪成疑惑。王曰："庙堂所是，外人必以为非；庙堂所非，外人必以为是。不亦异乎？"宪成朗声回答："又有一异事，外人所是，庙堂必以为非；外人所非，庙堂必以为是。"锡爵大笑而起。斯时朋党之争可谓烈矣。

万历后期，由于权威的丧失与党争的激烈，掌管人事者无论如何也难以得到好评，孙丕扬任吏部尚书时遂创“掣签之法”，将官员命运委之于一片枯竹，用抽签的办法决定谁上谁下。一时舆论盛称其无私。

万历末期，李植等人借着科场案力攻首辅申时行，次辅许国非常愤激，在奏疏中痛批言官：“昔之专恣在权贵，今乃在下僚，昔颠倒是非在小人，今乃在君子。”君子不好财利，但其沽名心态也颇足骇人，往往一点意气之争就可以上纲到国家民族之重。后有论者曰，明朝即亡于言官，多少有一点道理。

明代六部尚书中，地位最高者为吏部尚书，掌握人事大权。首辅能否控制吏部尚书，是其权力大小的标志。张居正握绝对控制之权，居正之后首辅权威不再矣。旧例，吏部尚书与辅臣遇，初不避道，自居正始乃有让路一说，居正死，吏部尚书亟争之，乃复故。

万历晚期，朝臣党派分立，吏科给事中梅之焕有感而言曰：“附小人者必小人，附君子者未必君子。”此语大妙，可惜小人不屑闻，君子不愿闻。

堂皇只是一表象

万历四十三年，有男子手持枣木棍闯入东宫太子朱常洛所居之慈庆宫，后被擒获，这就是著名的“梃击案”。抛开所谓政治阴谋不说，此人连过两道关卡，如入无人之境，这还像人们印象中戒备森严之皇宫乎？而在此案前，还发生过盗贼用绳索结为软梯攀登进宫，盗走宫中财物的奇事。堂皇和森严，有时只一表象耳。

皇帝偷情也不自由。王妃原为慈宁宫宫人，神宗索水洗手偶然动兴，私幸之，怀身孕，但并不喜欢，事后也绝口不提。太后盼子心切，言及此事，神宗居然赖账曰“无之”，迫不得已，太后命取起居注相示，不能复隐，只好认下这桩风流罪过。王妃产子，即光宗朱常洛。

神宗长子朱常洛不为父亲所喜，直到十三岁才出阁读书。按照规矩，老师讲完应赐酒饭，平时也有很多赏赐，但给常洛讲学，讲官们都自带饭盒。一位姓刘的讲官戏言：我辈初做秀才时，于私塾授课每年收入不下五六十金，又受人非常供养。现在为皇帝家做馆师，一年不过三十金，还要自食其食，每五鼓起身，步行数里，黎明讲书，备极劳苦，果然老秀才不及小秀才也。

福王朱常洵是神宗宠爱的妃子郑贵妃所生，最受国家恩宠，富甲天下，可是当李自成挥师进攻他的封地洛阳，形势万分危急时，他却要钱不要命，拒将府中堆积如山的财物散出犒劳守城部队，最后城破被杀，其肥厚的身躯和鹿肉搅和一起，给李自成军凑成了一桌奇特的“福禄宴”。

万历四十二年六月，葬孝定太后，大雨倾盆，棺材越来越沉，原定“夫用三千”，宦官却中饱私囊，“折价用八百”，结果抬棺者“肩重难胜”，遂停棺不进。后来兵部调拨了昌平的军队，总算帮忙把棺材抬到了陵地。

皇帝造房子，成本奇昂。沈德符于《万历野获编》中说，宫里一扇窗槅稍损欲修，估价至五千金，太监还不满意。沈德符幼时游城外一花园，壮丽敞豁，打扫卫生者就有数十人，问之乃车头洪仁之别墅。车头者，为宫内运输器物的工头也，洪仁因与宫内某大太监攀了干亲，不到十年即积累如此家业。

万历四十三年，皇帝召见阁臣方德清、吴崇仁，因怒御史刘光复越位进言，厉声命拿下，太监们哄聚殴之，崇仁惊怖，不觉仆地，便液并下。万历回宫，差人多名扶崇仁出，如一土木偶，数日而视听始复。

万历朝之怪象

万历年间全国清丈田地，虽寓缓和贫富差距之意，但主其事者更希望借此清出先前隐匿之土地，以增加国库收入。上有所好下必甚焉，据顾炎武《天下郡国利病书》，山东滕县“旧俗相沿，以二百四十步为一亩，以三尺五寸为一步”，但为了超额完成指标，乃于清丈时改三尺二寸为一步，于是一亩之田便变为一亩又一分多。数字游戏谁不会玩？浙江嘉善、平湖等县，即公然下令“缩弓二寸”。

万历清丈土地后，包括不纳粮地和永不起科地，行一条鞭法，自此之后，“永不起科地”消失了，“一切兴科”。“民间无不税之田”，“亦无不科之地”。

明廷倚重之大帅李成梁镇守辽东，家丁胡作非为，“酒食尽出于民家，妇女多遭其淫辱，……马蹄经过，鸡犬一空”，当时民谣传唱：“若遭敌虏还有命，若遭家丁没得剩。”

明朝部队纪功，按所呈验之敌人首级统计。行之既久，弊病丛生，那些临战心虚的将领琢磨出了邀功的办法，即待敌退后纵兵斩杀平民，改结发辫以冒充“虏首”，甚至有于平日预先俘囚对方老弱，留等战时杀之以献首级者。嘉靖年间有人写诗痛斥：“割生献馘（俘虏之耳）古来无，解道功成万骨枯。白草黄沙风雨夜，冤魂多少觅头颅。”

李成梁为巩固权位，不惜重金结纳朝臣。万历十九年辽东巡按御史胡克俭痛诉，皇上左右都是李成梁私人，皇上深宫之事，臣在朝数年不知，“成梁一一能诵之，朝发夕知，毫发不爽”。

据《辽左闻见录》记，李成梁之宅院，“附郭十余里，编户鳞次，树色障天，不见城郭”，家中蓄妓高达两千余，均以香囊数十缀系袜带，而贯以珠宝，一带之费，至三四十金，“数十步外，即香气袭人”。然边事不可不恃李家军，故攻之者虽众，而成梁安居如山。

藩王占地愈演愈烈，万历三十四年五月，四川巡按孔贞一上言：“蜀昔有沃野之说，……近为王府有者什七，军屯什二，民间仅什一而已。”成都平原依赖都江堰灌溉的膏腴之地，蜀王一府所占高达百分之七十，堪称疯狂。时人有诗云：“惟余芳草王孙路，不入朱门帝王家。”只有路上野草才能幸免于王府之攘夺矣。

光宗命短熹宗荒

神宗宠爱郑贵妃、福王母子，几夺光宗朱常洛之正位。苦熬了三十多年的常洛登基后，因不为父亲所喜，供奉极薄，身体素来羸弱，郑贵妃唯恐常洛记仇，欲邀欢心，即饰美女多人以进，常洛如乞儿得宝一般，一夜“连幸数人”，病体大剧，在位仅一月而崩。

光宗死，其子熹宗即位，年号天启。据太监刘若禺《酌中志》所记，熹宗“好盖房，凡自操斧锯凿削，即巧工不能及”，“又好油漆，凡手用器具，皆自为之”，而且习惯速成，早晨做个东西晚上就能完工，但不久即弃之，“弃而又成，不厌倦也”。也许不做皇帝，熹宗会成为一名能工巧匠，就像李煜不做皇帝一定是个好词人，也不会留下骂名一样。

太监与宫女私好，结为夫妇，称为“对食”，已成风气。魏忠贤之得势即在于攀上了一个好对食客氏。客氏之对食原为太监魏朝，忠贤虽后进，但很快就鸠占了雀巢。其奥妙所在，据明人笔记所载：“魏虽腐余，势未尽，又挟房中术以媚，得客欢。”阉割未尽者如何运用房中术，实为一大谜团。

天启元年四月，熹宗大婚。皇帝既已成人，乳母客氏按规定出宫。帝“思念流涕”，至天黑犹不肯吃饭。客氏复入。

天启元年，民间讹传朝廷命内臣选民间女子充宫娥，一时不问良贱，唯以得夫为幸。民间先有谣曰：万历四十九，女子贱如狗。此时又有人作诗戏之曰：一封丹诏未为真，三杯淡酒便成亲。夜来明月楼头望，惟有嫦娥未嫁人。

天启七年，著名文士吴应箕途经河南真阳，所见多抛荒之地，因询父老：此是通衢，地方官会经过这里吗？曰：然；州郡长官可会由此路过？曰：然；巡按等朝廷钦差会从此过否？曰：然。又问：可有见荒田而问原因者？曰：无有。吴氏记下这段见闻后“不觉浩叹”。生活于两个不同的世界，在一方眼里深为诧异的事情在另一方眼里往往就跟没发生过一样。

天启元年四月，魏忠贤又与魏朝为争宠客氏而吵闹，惊动熹宗，熹宗笑问：“客奶奶，你处心要跟着谁，我替你断。”遂依客氏之意，当场作主将忠贤断给客氏作其“菜户”（与宫女做配偶的太监称为“菜户”）。魏朝从此失宠。

熹宗乐木工而厌做皇帝，每当其与近臣潜心于斧砍刀削之时，魏忠贤等趁机从旁奏事，熹宗大不耐：你们用心去做便是，我已知道了。忠贤遂窃大权，恣意妄为矣。

“此人说我不能剥他皮，姑且一试”

天启三年五月，熹宗册封的裕妃怀孕，因其得罪了客氏和魏忠贤，客魏假传圣旨，将其幽禁于别宫，逐出宫女，断绝饮食。一个雨天，裕妃爬到屋外，匍匐于地饮屋檐滴下的雨水，慢慢死去，胎儿夭折。从此熹宗绝嗣。

熹宗之慧妃范氏也被客魏幽禁于别宫。范氏早有预感，提前在宫中藏了一些食物，虽被幽禁大半月之久，侥幸不死。

熹宗昏聩，却对皇后张氏以及同父异母弟信王朱由检十分重情。一次魏忠贤欲诬告皇后父亲“谋立信王”，掌印太监平日对忠贤唯命是从，这次却绝力阻止：主上凡事糊涂，独对兄弟夫妇不薄，如有不测，我辈没命矣。忠贤悚然而止。

有五人共饮于旅店，忽一人大骂魏忠贤之恶。其余四人戒其慎言。此人大言曰：忠贤虽横，也不能将我剥皮吧？我何畏！夜半熟卧，有人破门入，以火照面，将大言者拿走。其余四人随后也被请去，但见大言者手足均被钉于门板上。魏忠贤笑语：此人说我不能剥他皮，姑且一试。即命取沥青浇满全身，用椎敲之，不久皮全部脱落，俨然人形。四人惊骇欲死，忠贤赏每人五金，纵之出。

各地为魏忠贤大建生祠，逢节令参拜。嘉定人李流芳独拒不往，人或问之，曰：“拜，一时事，不拜，千古事。”

刘瑾事败，是明武宗听了臣下的劝告，沉吟了一会，“即命禁兵逮瑾”；魏忠贤，新登基的崇祯一步步翦除其势力的时候，也是乖乖地束手就缚。当初他们擅权专政，读史者几有“变天”之感，倒台之时却“息若败叶”，原因在于，明武宗和明熹宗虽然斗鸡走马，太不成气，但还是最有力量者。非明白此点不能懂得明代君主集权的奥秘。史家动辄爱给刘瑾、魏忠贤们扣一顶“矫诏”的帽子，但真有力量的“乱臣贼子”何尝需要矫诏？他们推翻旧主人，自己发诏书就得了。“矫诏”实为史家之避讳语。这种避讳自然有很多好处，首要的一点是可以让人们知道皇帝总是圣明的，其次是安慰那些惨遭羞辱和残害的臣子的人心，他们在抚摸心灵和肉体创伤的时候，终于可以说：骂我打我杀我，那可不是圣上的意思啊。

第三章　社会文化之变迁

太祖、成祖之后，明朝皇帝都不是传统意义上的“雄主”，但这只是于一姓之王朝不利罢了，王权软，社会兴，此乃万古不易之理。弘治、正德两朝，统治者明孝宗、明武宗都谈不上什么雄才大略，明武宗更被指为荒淫的庸君，而恰恰是在他们的手下，江南经济和文化才又得到了恢复性发展。为什么会有这样一种吊诡的现象？与其说是他们的措施多么得当，毋宁说根源正在于他们几乎没有采取什么强有力的措施。统治者控制力的削弱，对一个企图代代相传的专制王朝可能是个坏消息，但于激发民智和社会进步却是充分利好。

王权软，社会兴

云蒸霞蔚、活泼泼的元末江南文化于明初风流云散。“吴中四杰”之一的杨基四处打听故乡的情况，朋友告诉他“吴中风景，大异往昔”，感喟不已的杨基赋诗曰：“三年身不到姑苏，见说城边柳半枯。纵有萧萧几株在，也应啼杀城头乌！”一个衰败的江南，即使是城头的乌鸦，也要兴起浓厚的今昔之感。

被称为“元四家”之一的大画家王蒙，侥幸活到朱明盛世，可终究在劫难逃，其罪名是曾经到胡惟庸私宅观画！面对狱吏，不知道画家是否曾以“胡惟庸当时是堂堂宰相”、“只是谈艺未涉政治”等作辩词，可是即便作了如是辩解，又能如何？总之，王蒙是死在了狱中。

明初江南衰败至极。弘治、正德年间，随着政治上的松动和经济上的发展，萧条已久的江浙地区才渐次复苏。《寓圃杂记》记录江南城市演变之迹曰：吴中向为繁华之地；元璋建国后，“邑里萧然，生计鲜薄”；正统、天顺两朝略有恢复；而到了弘治、正德年间，才“愈益繁盛”。作者还特别提到，随着经济的复兴，江南“人才辈出，尤为冠绝”。人才何代无之？关键在于统治者采用什么样的政策。

弘治、正德两朝，统治者孝宗、武宗都不是雄才大略的英主，武宗更被指为荒淫的庸君，而恰恰是在他们的手下，江南经济和文化得到了恢复性发展。与其说是他们的措施多么得当，毋宁说正在于其几乎没有采取什么强有力的措施。统治者控制力的削弱，对一个企图代代相传的专制王朝可能是个坏消息，但于激发民智和社会进步却是充分利好。

晚明一位著名僧人有感于士大夫之境遇，曰：洪武年间，秀才做官，吃多少苦，受多少怕，为朝廷出多少力，到头来小有过犯，轻则充军，重则刑戮，能得善终者不过十之二三；而今朝政宽大，法网疏阔，秀才做官，饮食、衣服、舆马、宫室、子女、妻妾，有好多受用，干得几许事，到头全无一些罪过。所以，他称明初读书人是“还债”，明中叶以后的读书人则是投胎“讨债”来也。

罗绮非小民所能穿，明中叶之后禁令渐弛，文人感叹：“市井之妇，居常无不服罗绮，娼优贱婢以为常服，莫之怪也。”明代文人自不如德国艺术史家格罗塞富洞察力，格氏尝言：“那些反专制主义的思想时代，将会消灭了装饰的权势。”

王阳明：“养得此心不动”

王阳明循宋儒之旧途，拟格物以成圣。取官署之竹格之，整整格了七日，终归失败，且大病一场。于是感叹“圣贤是做不得的，无他大力量去格物了”。后被贬穷山僻壤之龙场，无书可观，顿悟格物致知当自求于心，不应求诸外物。喟然曰：“道在是矣！”于程朱理学之外另辟蹊径，开辟心学。

王阳明主张“心外无事，心外无物，心外无理”，友人与其山中同游，指岩中花树而问：天下无心外之物，则此花树自开自落，与我心有何关系？答曰：“尔未看此花时，此花与尔心同归于寂。尔来看此花时，则此花颜色，一时明白起来。便知此花，不在尔的心外。”

宁王朱宸濠造反，因藩王反叛是朝廷忌讳，一时成为敏感词汇。各地告急文书皆不敢指名宸濠反，或曰江西省城有变，或曰江西省城十分紧急，或曰江西巡抚被害重情，或曰南昌忽聚军马船只。唯王阳明传报，明言江西宁王谋反。

王阳明抚赣，尝探宁王虚实，于座中佯言朝政缺失，宁王宾客曰：“世岂无汤武耶？”阳明曰：“汤武亦须伊、吕。”宁王以目注阳明，答曰："有汤武便有伊、吕。"宁王以改朝换代之商汤、周武王自命，诱阳明作伊尹、姜太公也。一问一答其意豁然，阳明知宁王必反，早为之备。

王阳明一面起兵，一面上疏痛责武宗，说陛下在位一十四年，民心骚动，天下之奸雄岂特在宗室？又将其家属置吉安之公署，四面聚薪，戒守者曰："兵败即纵火，毋为贼辱！"然不过一旬，阳明所带的乡兵乡勇就平定了号称有十万之众的宁王叛军。

王阳明曰：用兵之要，在于学问纯笃，"养得此心不动"；人之智能相去不远，分出胜负"只在此心动与不动之间"。

王阳明与宁王战，不废讲学。谍者报前军失利，座中皆惧，阳明出见，回来后复接刚才讲论。少顷，又有谍者报告贼兵大溃，座中皆有喜色，阳明出见谍者，退而就座，神色自若。宁王就擒，旁人咸色喜惊问，阳明曰：刚刚听说宁王已擒，想来是真的，但死伤者甚多。旁观者皆服其学养。

王阳明平叛，攻克宁王府，拾得簿籍，密藏之。后两宦官衔命至浙江，时道路传闻或对阳明不利，阳明笑置之，设宴于镇海楼，酒半，命将梯撤去，出书简二箱相示，皆太监们与宁王勾结之文书，尽数与之，两宦官感激不已，归来后力保阳明无他。阳明免于祸。

国家兴亡何关歌妓？

晚明妓女领时尚界之风骚，其衣之短长，袖之大小，随时变易，人称时世装。晚明两个新词，凡服装式样新鲜离奇，一概称为苏样，别的新鲜事件，则称为苏意。

在晚明开明士大夫看来，娼优之类，一是不能禁止，二是不必禁止，完全可以存而不问。于慎行曰：天地六气，自有一种邪污，必使有所疏通，然后清明之气才能保存，就像通都大邑必有沟渠排泄，否则人家门庭之内皆为污浊所留矣。谢在杭则指出，国家兴亡与游乐歌妓无关，只要国家升平，管弦之声不绝，反足点缀太平。

万历年间京城歌妓刘凤台擅艳名于一时，许多文士慕名前往。冯梦祯向沈德符谈及感受，说凤台之美艳不需说，尤令人沉迷者在“荐枕”时，其“肌体之柔腻，情致之婉媚”，简直是将汉代赵飞燕、赵合德的妙处合而有之，难怪士林迷恋至此。所谓“荐枕”，即性爱也，毫不避讳追求感官体验，唯晚明人敢为。

秦淮名妓马湘兰有文才，能诗，善画兰，与当时名士屠隆、张献翼、王稚登等来往甚密。郑之文乡试落第，至南京，湘兰不加礼，郑作杂剧《白练裙》嘲之，又让优伶排练演出。在羡慕嫉妒恨的郑之文笔下，其臆想的情敌如屠隆、王稚登等丑态倍出，南京哄传，一时纸贵。次年南京礼部专门追缴书肆刻本，销毁书板，始息。

云间名士何良俊赴友人宴，偶遇文坛领袖王世贞。良俊袖中适藏南京南院妓女王赛玉红鞋一只，醉中便将酒杯置于此鞋中行酒，满座尽欢。世贞并喜赋长诗一首，歌曰："手持此物行客酒，欲客齿颊生莲花。"

京城的妓女柳青为文人们所推崇，一时骚客尽与之游。柳青对最相投辈有一种特异的厚待办法，就是"唾之"，其唾丝白如雪，香滑可爱，文人们称之为"唾花"，人人以得美女一唾为荣。

妓鞋行酒，元末大诗人杨铁崖就有此嗜好，他的朋友大画家倪元林有洁癖，每见辄大怒，避席去。其实文人们不过是在表演行为艺术罢了，他们要借此表示自己乃至整个江浙文人对僵硬礼法的蔑视，张扬一种新的价值。什么样的新价值呢？一言以蔽之，就是对人性的包容和尊重。经过明朝二百年的压制，现在风尚还是以一种看似荒唐的方式回归了。

烈女：从被旌表到被调侃

明初，安陆赵某妻郑氏，性刚烈，即便闺房中也是非礼者不为。一寡妇改嫁，赠以茶饼，郑怒，命掷之，其夫戏曰：别骂了，你只不过是丈夫幸运未死而已。后赵某罹疾将死，视郑，瞪目不瞑。郑曰：难道你怀疑我不能守节吗？即自缢于床楣。赵某出泪而绝。

尤氏，江苏昆山人，其夫早死，将殉，因二子方在襁褓，不忍遽死。乡里某恶少艳其色，屡挑不获，乃言于众曰：此女必不能守，试看其目，“美而流”，焉能久？尤氏闻之，夜取石灰，以手挖睛，血出立枯。不久自缢。

明中叶以后，贞节观念开始受到冲击。黄方胤杂剧写青年女子丁氏嫁人不称其意，至十八岁时已三易其夫，与守节寡妇郑氏偶遇。郑骂：你伤风败俗，是一个贩汉。丁曰：你孤辰寡宿，是一个鬼妻。郑骂：你油头粉面，好一似瓦楞上的娼妓。丁曰：你黄皮寡瘦，好一似坟堆里的骷髅。郑骂：你张来相，李来看，卖脸儿不知羞耻。丁曰：你风不吹雨不洒，夜深时没个温存。可怜的贞烈女郑氏在作者笔下，已是被调侃的角色了。

晚明人谢在杭记湖州一带风俗，每年清明后，民间妇女不分贵贱，千百成群进香于道场山，直至傍晚，红紫靓妆半醉笑语方步堤上归，但间有与人偷情，赴桑中之约者。

冯梦龙辑《山歌》中有一首民歌《春画》，描写一女子因看春宫画而情不自禁，词曰："偶然看着介本春画了满身酥，个样出套风流家数侪有来奴肚里，那得我郎来依样做介个活春图。"最后一句希望自己的郎君能够以春宫人物为榜样，其大胆作风令人惊叹。

明中叶后纵欲之风大炽，淫书淫器春宫画等情色商品不胫而走，甚至波及一般商品。沈德符回忆："幼时曾于二三豪贵家见隆庆窑酒杯茗碗，俱绘男女私亵之状。"

朝鲜人崔溥到中国游历，著《漂海录》，对江南"男女皆带以镜奁、梳篦、刷牙等物"颇感诧异，不禁慨叹：江南好冶容也。

西湖七月半，一无可看，止可看七月半之人。苏州东城门葑门外荷花荡，因旧俗六月二十四日为荷花生日，游人竞相聚于此，画船箫鼓，观荷纳凉。张岱《葑门荷宕》中说，"士女倾城而出"，"舟中丽人"皆"靓妆淡服"、"汗透重纱"，观察可谓细致入微。又曰："舟楫之胜以挤，鼓吹之胜以集，男女之胜以溷（混杂）。"晚明人的公共生活大大超出了儒家规范。

功名如尘土

苏州文征明书画之名极盛，有伪造其书画以谋利者，或告之，征明曰：彼才艺本在我上，只是外界暂未知，老夫不过先占虚名而已。此后作伪者更无忌惮，甚至持假书画上门求征明题款，征明随手就写，略无难色。

文征明精于书画之鉴别，吴中收藏书画之家常上门求其鉴定，虽赝品，征明必曰："真迹也。"人问其故，征明曰：买书画的都有余财，卖者则可能等这笔生意举炊，若因我一言而不成，必全家受困。取一时之名，而令别人全家受困，我不忍为。征明虽不居贵要，但因他而产生的艺术品交易，使许多吴人赖以谋生。

宁王朱宸濠甚慕唐伯虎，遣人持百金至苏州聘之。既至，待之甚厚。伯虎居半年余，见宁王所为多不法，知其必反，遂佯狂以待。逢宁王馈赠礼物，伯虎则两脚叉开，裸体坐于地上，以手弄其阳物。使者回报，宁王曰：谁谓唐生贤？一狂生耳！遣之归。未几宁王起兵矣。

原籍苏州的状元、诗人、书法家吴宽任吏部侍郎，苏州太守赴京公干，拜会乡贤。吴宽首问：“沈石田先生近来何如？”石田者，沈周也，以书画负重名，所谓“明四家”之一。太守不识石田，茫无所对。吴宽大不悦：太守一郡之主，郡中有贤者尚不能知，余何足问？何良俊于笔记中记此事，叹曰：此犹是盛朝事，若在今日，则举朝讪笑矣。盖今日做官，系念官长足矣，何必贤者？

康海与李梦阳、何景明等倡言“文必秦汉，诗必盛唐”，号为七才子。其与刘瑾同乡，弘治十五年殿试第一，瑾慕其才，欲招致之，不肯往。梦阳下狱，书片纸致海曰：“对山（康海之别号）救我。”海乃谒瑾。刘瑾大喜，倒屣相迎，梦阳遂得释。刘瑾败，康海牵连落职，梦阳却不肯施以援手。康海罢官家居撰《中山狼》杂剧以讥之。

看破红尘的康海纵情于声色，常与妓女同跨一蹇驴，令仆携琵琶自随，游行道中，傲然不屑。以康海之财力，置办一头好驴当无疑义，然而哪里比得上“跨一蹇驴”能显其风流态度呢？

康海罢官家居，首辅杨廷和之弟廷仪因事过康，康置酒，酣饮之际，康弹琵琶唱自撰新词为乐，廷仪曰：家兄平日常念君，君修一书，我当在家兄面前为君说话。康勃然，骂曰：你把我当伶人乎？以琵琶掷之，廷仪仓皇而走，康犹詈不已，二人再不复见。

晚明士人风气，已经由传统的经世致用之学转为纯粹的文化创造，而科举功名已不再是唯一标准。才子李开先罢官后厌弃政治，治田产，蓄声妓，征歌度曲，为新声小令，又搜辑市井艳词，多流俗琐碎，为正统士大夫所不屑。然而他也因此成为著名的通俗文学作家。

“装点山林大架子”

晚明文人常以山人自居，据钱谦益说，此风“自子充始”。子充为吴扩字，曾充严嵩之门客，后多盘桓于南京秦淮河边，一年元旦赋诗《奉怀分宜相公》，分宜者，即严嵩也。别人与他开玩笑曰：新年第一天，怀中朝第一官，即使吟到腊月三十，恐怕也轮不到我辈了。一时传为笑谈。

陈继儒（号“眉公”）29岁时焚儒衣冠，绝意仕进，专事著述，声名甚至上达天听，系“山人”之代表。然山人一面媚雅，一面媚俗，时人讽曰：今称山人者，都不在山，当称“遥授山人”。

山人沽名钓誉，不甘寂寞，有杂剧嘲之曰：“装点山林大架子，附庸风雅小名家。终南捷径无心走，处士虚声尽力夸。獭祭诗书称著作，蝇营钟鼎润烟霞。翩然一只云中鹤，飞去飞来宰相衙。”描写山人生活可谓穷形尽相。

陈继儒隐居昆山之阳，闭门著述，名倾朝野，连皇帝也被惊动了。其自述养望秘诀曰：“士人当使王公闻名多而识面少。宁使王公讶其不来，毋使王公厌其不去。”

明季署名“陈眉公”的出版物极多。陈继儒著书之奥秘在于延请吴越间穷儒老宿困于饥寒者，使之从书堆中寻章摘句，拣其“琐言僻事，荟萃成书”，冠以眉公之名，“一时争购为枕中之秘”。眉公名利双收之余，也给了别人一碗饭吃。

山人风头颇甚，时人赋诗嘲之曰：“一个贫人，冒作山人，随着诗人，交结贵人。做了谗人，谤了正人，恼了圣人，罚做罪人。押做归人，原是穷人。”于慎行则作《招山人歌》曰：“城中山人常苦多，山中山人常苦少。我来杖策入山中，山人门外迹如扫。”

“公安派”领袖袁宏道任吴县县令未久，致书友朋诉苦曰：吾作吴令简直是牛马不如，“上官如云，过客如雨，簿书如山，钱谷如海。朝夕趋承检点，尚恐不及”，“遇上官则奴，候过客则妓，治钱谷则仓老人，谕百姓则保山婆（即媒婆）。一日之间，百暖百寒，乍阴乍阳，人间恶趣，令一身尝尽矣。苦哉！毒哉！”做县令不仅迎来送往，而且要处理簿书、钱谷等“俗务”，以风雅相高的名士自然避之唯恐不及了。

晚明名士张岱六岁时，被祖父带到杭州去玩，适遇陈眉公跨一角鹿，为钱塘游客。陈语张岱祖父：听闻你孙子擅长对对子，姑试之。遂指屏上李白骑鲸图曰：“太白骑鲸，采石江边捞夜月。”话音刚落，张岱应曰：“眉公跨鹿，钱塘县里打秋风。”打秋风者，向有钱人家揩油之谓也，系山人之积习。眉公大笑跃起：“哪得灵隽若此，吾小友也。”

“鱼肥卖我子，茶香破我家”

江南鲥鱼味美，当然要供皇家享受。五月十五日进鲜于孝陵（南京朱元璋之陵），然后河运进京，限定六月下旬到达，七月一日献太庙，然后供御膳。贡船昼夜不停，还要换冰，急如星火。但沈德符说“实不用冰”，等鱼干而行，某次他曾附其舟，“几欲呕死”。臭鱼如何能吃？厨师们遂杂调鸡豕笋菹，以乱其味，名为珍馐，“实不堪下筷”。一太监到南京上任，责厨师何不上新鲜鲥鱼，厨师回答每顿都有，持鱼熟视之，曰：形状有点像，但何不臭腐？闻者捧腹。

常熟知县郭南，上虞人。虞山出软栗味甚佳，民有献郭南者，南命种者悉拔去，说异日此物必害常熟之民。郭南此举实出无奈，永嘉因出产美梨为太监所知，即下令永嘉梨为进贡之物，民不堪其扰。

韩邦奇性刚直，初举进士，值刘瑾乱政，不拜，后为浙江按察佥事分巡杭州、严州。因富阳县的茶与鲥鱼富美名，二物皆入贡，民不堪命。邦奇愤而作歌曰：“富阳江之鱼，富阳山之茶，鱼肥卖我子，茶香破我家。采茶妇，捕鱼夫，官府拷掠无完肤。……鱼胡不生别县？茶胡不生别都？富阳山，何日摧？富阳江，何日枯？山摧茶亦死，江枯鱼始无。山难摧，江难枯，我民不可苏！”诅咒富阳江和富阳山尽快毁灭，愤激之辞也。

韩邦奇于武宗时上《苏民困以保安地方事》，谓镇守太监以进贡方物为名，搜刮民财，以致民不聊生。太监诬其肆行诽谤阻遏进贡，遂下诏狱。出狱后逢严嵩当朝，邦奇居然撰严嵩七十寿序文，为朝臣共嫉的严嵩拍马屁曰：“名臣之寿，将以寿国家，寿万民，岂一身之庆，一人之祥哉！”后爬到了兵部尚书的高位。邦奇之转变，或因入狱经历太过惨酷耶？

明代江南赋税极重，自中叶始，一般市井小民因不堪重负，便将自己本人连同家产交给居乡缙绅望族，以换取不交赋税，谓之“投靠”。投靠者遂成缙绅之家奴，丧失部分人身自由权，换来的是经济荫庇。在中国传统社会里，很多时候，自由和财产就是这样不可兼得。

边境民众往往逃入异族之地。不仅缘于饮食语言日久相通，更因明王朝赋役之繁、文网之密，不及异族政权简便。谢在杭曰：每遇迁徙移账，胡王与其妻妾子女皆自己动手，干戈之暇则任民众逐水草蓄牧自便，真有上古结绳之意。中国自古严“夷夏之防”，在杭此语可谓石破天惊。

赫赫东林风

御史黄尊素敢言，尤深谋远虑，杨涟将弹劾魏忠贤，尊素曰：除君侧者，必有内援。杨公有吗？万一不中，我辈无葬身之地。东林党人魏大中将弹劾魏广微，尊素曰：广微尚可分化，若攻之急，他就要狗急跳墙了。魏大中不从，此后魏广微更附魏忠贤。在未准备好的情况下和魏忠贤决裂的结果就是东林党人几乎被一网打尽，老谋深算的黄尊素也死于狱中。

杨涟、左光斗、魏大中等东林六君子被捕，家人打通关节前去探望，杨涟曰："汝辈归，好生服侍太奶奶，吩咐各位相公，不要读书。"读书人以"不要读书"为戒，哀哉！

杨涟于狱中绝笔血书，"雷霆雨露莫非天恩"。皇帝怎么做都是对的，都有恩德可感也。

天启五年，魏大中被捕时途经苏州，周顺昌为他饯行，和其同起卧三日，并将女儿许聘给大中之孙。押解官员屡次催行，顺昌瞪眼喝道：尔等不知世间有不畏死男子耶？归语魏忠贤，我故吏部郎周顺昌也。后被逮入狱，每次拷打都骂忠贤不绝口，结果满口牙齿被打落，阉党鹰犬许显纯于旁讥笑：还能骂魏上公么？

顺昌以血喷之，终死于狱。

周顺昌居苏州素为乡人所感，闻其被逮，“号冤者塞道”。民愤不可阻遏，旗尉东躲西藏，仍然被毙一人，重伤多人，仓皇逾墙走。从此缇骑不敢再出国门。首倡民变的颜佩韦等五人皆为市民，后被处死时，延颈淡定就戮，语监斩官曰：“公好官，知我等好义，非乱也。”刽子手流涕而斩之。苏州民众感其节义而葬，题曰“五人之墓”。

左光斗被魏忠贤陷害下狱，门生史可法用五金贿赂狱卒求见。引至光斗处，已面额焦烂不可辨，左膝以下筋骨尽脱。可法跪抱光斗之膝呜咽，光斗辨其声而无法睁眼，乃奋臂以指拨眦，目光如炬，怒曰：“庸奴，这是何时何地！国家糜烂至此，老夫已矣，你也轻身而昧大义，天下事谁来支持？不速去，不待奸人构陷，我就先杀了你！”边说边摸地上刑械作投击状，可法含泪而出。后常流涕语人：吾师肺肝，皆铁石所铸造。

杨涟死状惨极，“土囊压身，铁钉贯耳”。时逢酷暑，阉党又故意迟迟不许收敛，故家人最后仅得破碎血衣数片，残骨数根。杨涟奋击魏忠贤的壮举可谓惊天地而泣鬼神，但从黄尊素当初的忧虑和最后的效果观察，是否也在说明，一件正义的事情，也未必一定激烈、激进才是最好？

杨涟等六人身死后，审案的阉党许显纯用利刃将其喉骨剔削取出，各密封于小盒中，呈魏忠贤。魏烧成骨灰，与同党争吞下酒，以泄余恨。

抗清少年义士夏完淳之父、复社成员夏允彝事后论东林党于国事不可谓无罪，说“东林中亦多败类”，而“攻东林者，亦间有清操独立之人”，但两派领袖之品格，可谓天壤之别。

名臣风范

永乐初，江西吉安民变，成祖初遣人抚谕，行将一月，又令都督韩观率兵继之，民若不听抚，则加兵矣。不久地方官奏报民皆归田里，成祖喜对杨荣曰：非韩观至，民变岂能平？当褒赏之。杨荣略一思索，曰：计算日期，地方官上奏之时韩观尚在途中，不足褒。成祖叹赏。一道加减法而已，哪值得惊异？朱棣之所以疏忽，不过缘于其向来迷信武力也。

广东布政使徐奇载岭南土特产赠廷臣，有人得其名册进呈皇帝，欲邀宠。成祖查无杨士奇名，召问。士奇对曰：当初徐奇赴广东时，群臣作诗文赠行，我正在病中没有参与，所以独不及。今虽有此名册，大臣们是否收礼尚未可知，而且物微，当无他意。成祖命将名册毁弃，不再追穷。

阁臣杨荣数从成祖北征，知边将贤否、要塞险易、敌情顺逆，但多不谨。宣宗遂问杨士奇，士奇力言“荣晓畅边务，臣等不及，不宜以小疵介意”。帝笑曰：杨荣尝在我面前诋毁你，你还为他说话？士奇曰：“愿陛下以曲容臣者容荣。”帝意解。君臣对话稍稍外传，杨荣愧甚，遂与士奇相得甚欢，俱为一代名臣。

有明一代，身为宰臣，又以文章领袖群伦者，杨士奇后，李东阳而已。东阳立朝五十年，清节不渝。后致仕家居，上门索诗文者盈门，润笔遂成为最有保证的收入。一日，夫人又进纸墨，东阳有倦色，夫人笑云：今天要招待客人，岂可使席上无鱼无肉？东阳乃欣然命笔。

周忱巡抚江南，任久，每行村落，不带随从，与农夫村妇相对，话桑麻道疾苦，一若家人父子。闲暇时节则以匹马往来江上，见者不知其为巡抚。

苏州赋役繁重，胥吏们舞文为奸，最称难治。太守况钟初上任，群吏环立请其速批公文，况钟佯装不明，左右顾问，任吏所为，吏大喜，皆谓新太守昏暗，易欺。三日后，况钟召吏诘之曰：前某事宜行，尔阻止我，某事宜止，尔坚持要做。你们舞文作弊太久，罪当死。即捶杀数人，其他庸懦者尽斥之。苏州大震，皆奉法。

御史薛暄治学一本程朱，人呼“薛夫子”。正统间，宦官王振因同乡关系召其为大理寺少卿，或劝其往王振处一见，薛暄曰：“拜爵公朝，谢恩私室，吾不为也。”拒不行。公卿见王振多趋拜，暄独屹立，振趋揖之，暄亦不加礼。王振衔之，终下狱。

薛暄为王振构陷，论死。及当行刑，王振一老仆忽泣于灶下。问故，哭益悲，曰：“闻今日薛夫子将刑也。”王振大感动，即释薛暄。

士人心态：从“妾妇”到“矫激”

明代贤相“三杨”之一的杨荣，总结了与皇上的相处之道，说假若圣上将《千字文》中的“天地玄黄”读成了“天地玄红”，也不可贸然指出，安知此非皇帝试探？安知玄黄不可为玄红？只有等其至再至三，又有所询问，才能应之曰：“臣自幼读《千字文》，见书本是天地玄黄，未知是否。”一代名相，如此妾妇心态，匪夷所思。

严嵩欲邀杨继盛欢心，一年之内升其官四级，然而继盛任职一月，即上疏弹劾严嵩“十大罪”，并于上疏前斋戒三日，以示必死之心。世宗怒，杖之百，打入牢中，夜半苏醒，打碎瓷碗，手割腐肉，肉尽，剩些筋筋绊绊，又用手截去。狱卒胆战，所执之灯摇摇欲坠，继盛旁若无人。最终世宗满足了他“必死”的愿望，年仅四十。

天启年间，各地官员献媚为魏忠贤建生祠成风，忠贤闻某地上梁文出榜眼贺逢圣之手，大喜，即日登门拜访，逢圣曰：误！此不过是借人头衔的陋习罢了。忠贤怫然去，次日削其官。

蒋钦上疏请杀刘瑾，起草之际，灯下微闻鬼声。钦知疏上或招奇祸，以为先人之灵示警，遂起立，整衣冠曰：如果真是先人，何不厉声以告？言未已，声出壁间，更为凄怆，钦仰天长叹：此身既已许国，焉敢顾私，贻后世羞？复坐，奋笔曰：“死即死，此稿不可易也。”声遂止。卒于狱。

工部主事何遵谏武宗南巡，当其草疏时，家僮抱持而哭：主人即使不为自己考虑，独不念老亲幼子乎？遵执笔从容曰：“为我谢大人，儿子勿令废学足矣。”疏上，廷杖四十，肢体俱裂，越二日遂卒。死之日，其父与家人祭墓归，有鸟悲鸣，心异之，或传工部有以言获罪者，父长号曰“遵死矣”。已而果然。

赵用贤因批评张居正而被杖责，肉腐烂溃落，其妻把掉落的肉腌制以后精心收藏。“打屁股”，主体意在羞辱，而客体却偏能变羞辱为光荣，以至几块腐肉也成为具有独特美学意义的符号。而且这种心理非仅属受杖者个人及家属，《明史》记载，某人如果无辜被杖，即等于有了一页浓墨重彩的光荣史，“终身令人倾慕，天下以为至荣”。

杨爵上疏批评世宗，入狱受刑备极惨酷，但与狱友谈论修身，怡然自得。其家书中说：“我下狱十有四月矣，饮食如常，身无一日不安，心无一日不宽。时读《易》，静中觉有进益。……在内亦无甚苦楚，但暗中静坐，持养心性，求无愧于屋漏而已。”

监狱本安静之地，突然喧闹，多系提死囚。杨爵于狱中，一日外间喧嚷，呼左右问何事。事后反省曰：“此动心也。身居此地须要置生死于度外。刀锯临之，从容以受。”

“三个性儿，不要惹他”

永乐时的礼部尚书吕震拍马屁成瘾，藩属小国进麒麟，吕震请贺，成祖曰：天下是否太平与麒麟何干？成祖北征班师，据传思南大岩山呼万岁者三次，吕震马上报告山川显灵。成祖再也听不下去了，山谷之声，空虚相应，有何稀奇？大臣不能辨其非，反因之进媚，岂君子事君之道？

万历后期，乡愿之学大起。“处世不必邀功，无过便是功”，“一事起，则一害生，故天下独以无事为福”，“持身不可太皎洁，与人不可太分明”，“饱谙世味，一任覆雨翻云，总慵开眼；会尽人情，随教呼牛呼马，只是点头”。《菜根谭》里这些“心灵鸡汤”似的处世名言大行其道，见证整个社会正在失去理想、道德和原则。

大文豪王世贞与居正同年，一心想做尚书，替居正父母做寿序，又赠送礼物，居正致书世贞，“才人见忌，自古而然。吴干越钩，轻用必折，匣而藏之，其精乃全”。前两句恭维世贞，其后则把其比作脆弱而不堪使用的武器看待，只能摆在盒子里观赏。

阮大铖机敏有才藻，每次拜谒魏忠贤，都要送厚礼贿赂守门人，以便回去的时候取走名帖。

嘉靖年间，世宗信方术，求长生。无锡人顾可学罢归后，在家中从方士学炼秋石（秋石即童子尿）之术，炼成后献给世宗，颇有效应。仅三四年，顾氏就升官到礼部尚书。可学每行在长安道上，民间百姓竞相观看，哄传曰：尝尿官来哪。

明末文人结社盛行，其中炙手可热者当推复社，复社中人流行戴很高的方巾，好像头顶了一个书橱，时人口号云：“头顶一个书橱，手带一串念珠，抬摆一部四书，口内只说天如。”天如，复社领袖张溥之号也。可见复社及张溥之声势。

晚明士风恶薄，生员“以倡狂为气节，以结党为豪举”，稍不得志于地方官，就“群聚而侮辱之”，或造为歌谣，或编为传奇，中伤他人之术层出不穷。明末市井之人争斗，吃亏的一方往往会抛下一句狠话：我雇秀才打汝！

明代有一俗语：三个性儿，不要惹他。所谓三个性儿，即“太监性儿，闺女性儿，秀才性儿”。太监刑余之人，喜怒无常；闺女多泪常颦，一味娇蛮；而明季秀才则往往任意闹事，所以亦人见人畏也。

一僧人与一士子同宿于夜航船中。士子高谈阔论，僧不由敬畏得拳足而寝。渐觉其破绽，乃曰：“请问相公，澹台灭明是一个人、两个人？”士子曰：“两个人。”僧曰：“这么说那尧舜是一个还是两个人？”士子曰：“自然是一个人！”僧乃笑曰：“这等说来，且待小僧伸伸脚。”生员学问之空疏可见一斑。

钱能通神

消费社会，钱的力量蒸蒸日上，货币拜物教流行乃成必然。晚明人感叹，“今世流品，可谓混淆之极，婚娶之家，惟论财势耳”，又说“近乃有起家巨万之豪仆，联姻士流”，世间以“钱”为标准，相比“权”行天下，其实已经前进了一步。

明朝法律，使用奴婢，“公侯家不过二十人，一品不过十二人，二品不过十人，三品不过八人”。嘉靖以后，“钱”和“权”开始较劲了，江南大户人家役使奴婢往往高达千人以上。“多带仆从”俨然成为一种炫富癖，某名士请四个朋友吃晚饭，随带家童二十人，坐至深夜，“不得不与些酒饭，其费多于请主人”。

官场污浊直接影响社会风气和民间价值观念。《万历新会县志》记载：正德、嘉靖之前，官员退休空囊而归者，“闾里相慰劳，啧啧高之”，等到嘉靖、隆庆之后，官员退休家居，则“不问人品”，只问“怀金多少”，“清白无长物者”更被乡人引为笑谈。

做官归来，乡人只问官资不问官声。如有百两以上，则惊叹曰：这个人不枉读诗书啊。或以廉正被挤，归来四壁萧然，则共嗤笑曰：拙物！枉读诗书。腹但有文章，能疗饥乎？明中叶以后，此风海内皆然。

《玉堂丛语》记载，嘉靖、隆庆以前，士大夫多以富为讳，唯恐沾上污名，难免公议。而嘉靖、隆庆以后，闻人当差，必问曰：“好衙门否？”闻人退，又必问曰：“有好收拾否？”致仕回籍，耀金珠，广田宅以骄乡邻者，世不以为过。

《菽园杂记》载，京畿民家，常有羡慕内官富贵，阉割幼男以求收用，甚至已婚而自阉者也不乏人。顾炎武《日知录》也称：“景泰以来，乃有自宫以求进者……仿效成风。……日积月累，千百成群。”正所谓“排队割阴茎”也。

商人势力跃升，归有光记商人孙某七十大寿，乡里前往祝寿者，“皆贤士大夫也”。苏州名士王世贞和安徽文人詹景凤曾讨论苏州文人和徽商之交往，世贞曰：“新安贾人见苏州文人，如蝇聚一膻。”詹景凤即曰：“苏州文人见新安贾人，亦如蝇聚一膻。”世贞笑而不答。

张岱忆往，对一古青铜花瓶念念不忘。此瓶本为张家所有，家境滑落后，卖瓶以救急。张岱后来获知新主人为歙县某富商，但富商置此瓶于祠堂之供桌，而供桌上是不能放青铜器的。面对财力上顾盼自雄的商人，张岱们总算还能找到一点残存的文化优越感。

明季苏州的文化影响力几乎达到了“操海内上下进退之权”的地步：“苏人以为雅者，则四方随而雅之，俗者，则随而俗之。……海内僻远，皆效尤之。”商业压倒政治，京城向心力不再，当以苏州始也。

思想多元：从孔子到基督教

孔子受帝王青睐有一过程，唐玄宗追尊其为“文宣王”，元武宗时更追谥为“大成至圣文宣王”，祭礼不下于帝王。嘉靖更改孔子祀典，只称其至圣先师，去王号及“大成”“文宣”等封号，将大成殿改为先师庙。嘉靖此举颇富象征意味，正如沈德符说：“上素不乐师道与君并尊。”在皇帝那里，帝王之势高于一切。

嘉靖用张孚敬之议，欲去孔子王号，易塑像为木主，祭祀礼乐皆有所贬损，下儒臣议，徐阶独执不可，孚敬盛气责之，阶不屈，孚敬怒曰：“尔叛我！”阶正色曰：“叛生于附。阶未尝附公，何得言叛？”长揖而出。

李贽“好为惊世骇俗之论，务反宋儒道学之说”，“举国趋之若狂”。张问达劾之，以此被逮，然皇帝并无杀他之意。万历三十年三月十五日，李贽嘱侍者剃头，伺机取刀自割咽喉，血流遍地，尚未断气。侍者问：“痛否？”李贽以指蘸血书曰“不痛”。侍者又问其何故自杀，贽曰：“七十老翁何所求？”

何心隐亦为学术狂人，隆庆中期，他和时在国子监任职的张居正偶遇，何心隐略带挑衅地问张居正：“公居太学，知太学道乎？”居正熟视之，答曰：尔时时想飞，却飞不起也。居正去，心隐嗒然若丧，语人曰：居正异日必当国，当国必杀我。果然，万历七年，何心隐因违背了张居正禁止讲学的命令，被官家捕杀于武昌。

梁汝元聚徒讲学，讥议朝政，吉水人罗巽与之游。汝元于众人中扬言：张居正“专制朝政，必当入都昌言逐之”。张居正听说后微露口风于地方官，有司毙二人于狱。张居正对士人“别标门户，聚党空谈”的风气深恶痛绝，可惜选了一条最愚蠢的对抗办法。权势和暴力哪能长久服人？

利玛窦援引儒家经典论证天主教义，基督概念中的“爱”就是儒家所说之“仁”。徐光启说，读了利著《天主实义》后，竟没有发现天主教与儒学有任何抵触之处，“百千万言中，求一语不合忠孝大旨，求一语无益于人心世道者，竟不可得”。

利玛窦绘世界地图，因为中国人深信自己的国家就在地球之中，难以接受中国位于东方一角的地理概念，利玛窦不得不改变其设计，抹去福岛的第一条子午线，在地图两边留下一道边，使中国正好出现在中央。利玛窦说：“这更符合他们的想法，使得他们十分高兴而且满意。”现在这幅变通了的世界地图还保存在中国历史博物馆。

徐光启皈依天主教，其夫人和后人均为天主教徒，一直为后世所讳言，几乎所有的历史读物仅强调其为爱国的科学家。其实没有耶稣会士和天主教，哪里有科学家徐光启呢？

“人情以放荡为快，世风以侈靡相高”

据明人笔记《阅世编》，水果较普遍地出现在宴会上是弘治年间，初时只不过是较随意地装在碗中或盘子里而已，到了嘉靖年间，有人发明了专供酒宴陈放水果的器具，名曰“果山碟架”，列有多层，形如宝塔，各层置放不同的水果。细微变化体现出人们对生活舒适化的不可遏止的追求。

奢侈之习，倡导于士大夫。首辅张居正穿衣必鲜美耀目，还嗜好膏泽脂香，家仆于晨暮递进。居正请礼部尚书陆树声至内阁吃饭，吃饭中间，侍者拿着鬃刷不时替居正梳鬓。陆氏亲见，一顿饭的工夫，居正换衣几次。

嘉靖年间，松江（今属上海地区）风俗以惊人的速度走向奢靡。名士何良俊年幼时，“见人请客，只是果五色肴五品而已”，至嘉靖时，已是“寻常宴会，动辄必用十肴，且水陆必陈，或觅远方珍品，互相争胜”，刚刚听说一士大夫请某名士，杀鹅三十余头，朝廷奏疏也引以为异，马上就有人摆出了百余菜式的豪宴，“鸽子斑鸠之类皆有”。炫耀式消费是会上瘾的。

中国传统以俭朴为美德，至明中叶则赫然出现了“崇奢论”，松江人陆楫撰文曰：以一人一家言之，节俭或可免于贫，但统论天下，如果都讲节俭，还能富起来吗？他举例说天下之富莫过于苏杭，天下之奢也莫过于苏杭，正因为其地风俗奢糜，百姓才“颇易为生尔”。陆楫看到了消费的积极作用，而这正是时代之所赐。

娶妇之习俗，吴地喜欢身长，“美观瞻也”，楚人则喜欢身矮，“善哺、佣工也”。吴人作《娶妇辞》嘲楚人曰：“楚人娶妇何喧喧，高堂十日排酒筵，亲戚回头小姑起，传道新人短而喜。低小腰身解哺儿，舂粮担水不知疲。”一取美观一取实用，两地社会经济条件差异所致也。

随着奢侈品的丰富，奢靡之风也蔓延到了中下层，成为江南社会之常态。《履园丛话》记一次寻常宴会曰：“上下千百人，一时云集，真可谓酒池肉林、饮食如流者也”，时值酷暑，海味山珍顷刻变味，“随即弃之，至于狗彘不食”。

松江朱文石见太湖中峰石一座，甚爱之，遂以冬米百担易之归，移至私家园林中赏玩，至夕不辍。“人情以放荡为快，世风以侈靡相高”，《松窗梦语》慨言之。

三吴（古吴郡、吴兴郡、会稽郡，泛指江南）赋税之重甲于天下，一县可敌江北一大郡，但民众生活并不困乏，何也？谢在杭的答案是：其地有山海之利，而三吴人之谋利又无孔不入，真所谓“兽尽于山，鱼穷于泽”。谢氏之言透露大凡商品经济活跃的地方，其民必不穷。

“人无癖不可与交”

晚明士人以狂、懒、痴、狂、傲等与众不同的性格追求相标榜。时人概括曰：“一曰癖。典衣沽酒，破产营书。……二曰狂，道旁荷锸，市上悬壶。……三曰懒，蓬头对客，跣足为宾。……四曰痴，春去诗惜，秋来赋悲。”

东晋痛饮酒熟读《离骚》便可称“名士”，明代中叶以后，则只需有一与众不同的癖好即足跻身名士一流了。袁宏道与人书曰：世人但有殊癖，终身不易，便是名士。

胡宗宪权倾东南，文武公堂参见不敢仰视，唯徐渭著布衣直趋而入，仅一长揖，高谈阔论，旁若无人。幕中有急事，报云徐先生在酒楼畅饮，宗宪敞开军门候至夜深，或滥醉而不至，宗宪亦不罪。

公安三袁讲求真率，一日拜访久为其所仰慕的李贽之后，“小袁”袁中道欣然赋诗：“今年君不死，十月我还来。”

或向桑思玄求文，以情义为词，无润笔。思玄谓：“平生未曾白作文字，最败兴。你可将银一锭四五两置吾前，发兴后待作完，仍还汝可也。”又有人求文字于江南四才子之一的祝枝山，枝山问曰：见精神（俗以取人钱为精神）否？曰“然”，又曰“吾不与他计较，清物也好”。问何物，则曰“青羊绒罢”。一方面不讳言金钱，另一方面金钱随手快意尽，正是明代文人之一大特点。

崇祯十四年，已入花甲之年的钱谦益以嫡配之礼迎娶名妓柳如是，时家中正妻犹在，不合礼法，士绅大愤。谦益于舟中与如是结缡，云间缙绅，哗然攻讨。结果“满船载瓦砾而归”，谦益怡然自得。

晚明士人对传统“温良恭俭让”的君子人格失去兴趣，转而欣赏狂狷之士，认为有缺点的个性才是真正的优点。张大复曰：树木病而后形状怪异，又因怪而见奇，为人亦然，病而后奇，“小病则小佳，大病则大佳”。张岱的判断更斩钉截铁：人无癖不可与交。

张献翼少有文名，嘉靖年间与兄凤翼、弟燕翼同赴南京乡试，主考官因三人同列，为避嫌黜落一人，恰为献翼。遂颓唐自放。某达官慕名拜访，仆人延至中堂，说主人马上出来相见。俄而一老者携竹杖从阶前过，旁若无人。多时，客人问，答曰：刚才从阶前经过的就是我家主人。“何不肯相见？”“主人谓相公只是为了识其面，今既已识之，不烦见矣。”

张献翼某日访友，携牲醴庶馐而往。朋友问：何为？张答：祭奠你啊。与其等你死了我再祭奠，我俩俱不知为何人，“不如生而奠若，犹得具宾主也”。于是延友南面坐，己北向立，拈香拜起毕，奠酒三，读祭文，号哭“我老友”三，涕泗横流，又拜，起，焚帛毕，挽歌而出。主宾不交一言。

声色之娱至此而极

世宗以议礼故，恶杨廷和、杨慎父子特甚。杨慎戍云南，世宗不能释怨，每问慎作何状，阁臣以老病对，意乃稍解。杨慎闻之，益纵酒自放。

江南才子唐伯虎诗曰："骏马每驮痴汉走，巧妻常伴拙夫眠。世间多少不平事，不会作天莫作天。"在才子眼里，天下巧妻均伴才子而眠，才是世间公道。

一旦远离权势，心理孤独如何排遣？于是明人往往美田宅求声伎以自娱。申涵光曰：这些东西未必真为其心所好，只不过骤离烦热之场，"置以清冷则悄然而不乐"。

首辅杨廷和之子、状元杨慎被贬泸州，尝醉，以胡粉傅面，作双丫髻，插花一朵，诸伎捧觞，门生抬之而行于市中，夷然自得。人谓此君故自污，独王世贞曰："特是壮心不堪牢落，故磨耗之耳。"

指挥陈铎以词曲驰名，偶因公事谒魏国公，魏国公问：可是能度词曲的陈铎？陈应之，又问：能唱乎？陈铎遂袖中取出牙板，高歌一曲。魏国公挥之去。朝廷官员，牙板随身，未免太过风雅。

治园亭、玩古董、教歌舞，晚明士大夫家三大时髦也。尤妙者是自蓄家乐，因为家班中的女伎，一旦为主人所有，即标志其获得了全部的支配权，包括对身体的占有。女伎亦优亦婢，既可供主人声色之娱，又可供使唤，人间美事何逾于此？

明中叶以后缙绅之家自备戏班成为时尚，时有秽闻。程公远作《西江月•戒仆习梨园》戒之，其词曰：“富贵喜收俊仆，教成子弟登台。风流倜傥好形骸，举止行藏堪爱。　妇女慵拈针指，儿孙懒坐书斋。荒疏怠惰不成材，恐把家门败坏。”又《西江月•戒妇女观戏》曰：“内眷勿容观唱，斜言恐动风情。春心惹动最难禁，勾引闺门不谨。　女起偷香之念，孀怀窃玉之心。不闻斜说不知音，内外须当严整。”戒仆人戒妇女，既要穷极享乐又希望家人不受影响，这心理忒自私了一点。

张岱自为墓志铭曰：“少为纨绔子弟，极爱繁华，好精舍，好美婢，好娈童，好鲜衣，好美食，好骏马，好华灯，好烟火，好梨园，好鼓吹，好古董，好花鸟，兼以茶淫橘虐，书蠹诗魔，劳碌半生，皆成梦幻。年至五十，国破家亡，避迹山居，所存者破床碎几，折鼎病琴，与残书数帙，缺砚一方而已。布衣蔬食，常至断炊。回首二十年前，真如隔世。”学者黄裳、蒋勋说，这一段里，有一种对人生很深的忏悔。其实更像是一种炫耀：我们先前也阔过。

男风与女色

性病梅毒之出现，始于明弘治（1488—1505年）年间，至正德（1506—1521年）年间始盛。或曰病毒与葡萄牙人东来有关，但葡萄牙人初来广东已在正德六年（1511年），最早记载“杨梅疮”的俞辨所著之《续医说》即称，“弘治末年，民间患恶疮，自广东人始。吴人不识，呼为‘广疮’，又以其形似，谓之‘杨梅疮’，……鼻乱足穿，遂成痼疾，终身不愈云”。看来赖不上人家葡萄牙。

浙江吴兴人臧懋循，多才艺，为浙中名流。任南京国子监博士时，与英俊少年项一元相狎，而其同乡兵部郎中吴仕铨也有此好，最后两人均因风流罪过被贬，时人语曰：“诱童亦不妨，但莫近项郎。一坏兵部吴，再废国博臧。”

晚明好男风，官方记载还不好意思承认，只说福建、广东一带有此癖好，《五杂俎》的作者谢在杭一语揭破：我到过吴、越和燕、云，游历天下几遍，“未有不知此好者也”。

扬州人以贱价买贫家童女，教以歌舞、琴棋书画诸艺，再高价售给官绅商贾做妾，俗称“瘦马”，至晚明时已成为一大产业。据张岱记，扬州人日饮食于瘦马之身者数十百人，娶妾者若稍露消息，牙婆驵侩马上就会云集其门，“如蝇附膻，撩扑不去”。

挑选瘦马，程序严谨。至瘦马家，坐定，进茶，牙婆扶瘦马出，曰：“姑娘拜客。”下拜。曰：“姑娘往上走。”走。曰：“姑娘转身。”转身向明立，面出。曰：“姑娘借手瞧瞧。”撩其衣，手出、臂出，肤亦出。曰：“姑娘瞧相公。”转眼偷觑，眼出。曰：“姑娘几岁？”曰几岁，声出。曰：“姑娘再走走。”以手拉其裙，趾出。……一人进，一人又入，循环往复，挑定乃止。

万历年间苏州吴县知县傅光宅与山人王稚登善，常为王氏家宴之座上客。王因匿妓于曲室，酒酣出以荐枕，遂以为恒。稚登居间请托，获利甚丰。

治国之道，第一要务在安顿穷人，然如何安顿大有讲究。苏州五方杂处，寺院、戏馆、游船、赌博、青楼、蟋蟀等游戏玩乐之所，虽为富人恣意享受之地，但也是穷人之养济院。晚明人深有感触地说：“有千万人之奢华，即有千万人之生理。”时有民谚曰：救了田鸡饿杀蛇。这就是对自然生物链的一种深刻洞察，世间富人穷人何尝不是如此？

世道真是变了

顾起元《客座赘语》记：嘉靖中期以前，世人犹循礼法，见尊长，多执年幼礼，而近来荡然，或与先辈抗衡，“甚至有遇尊长乘骑不下者”。“甚至”一词见出作者的感喟：世道真是变了。

明末江南奴变事件甚多。某乡绅严酷，家奴稍不如意，即鞭扑之，群奴怨之入骨。遂缚绅至城隍庙中，杖至百余乃止，血流阶前，肤肉糜烂，气息奄奄。绅平生爱品茶，以硖川碧涧、阳羡天池为最，奴奉命采茶，必计时日返，迟则受笞。奴杖主毕，乃拖其出庙门，群以尿浇之，曰：“试尝此碧涧春也。”

《邵武府志》记载，正德以前，“民皆畏官府追呼”，“城中之民不识府县门，村民有老死不识城市者”，民间也罕有诉讼。而嘉靖以后，动辄就闹到衙门，“刁民渐不畏官府矣”。作者感叹民风日坏，殊不知这是时代变迁之必然。

万历时人李乐《见闻杂记》记载，盛夏某日，两个官员拜见一位乡绅，乡绅从田间唤回一老奴，为他们扇凉。他转过身去和客人说话，老奴已顺手拿了个凳子坐在他身后，这意味着坐在了其上手。乡绅责之，老奴应曰：“汝有风足矣，何管我坐为主宾？”

浦江郑氏九世同居，为朝廷褒美，元璋问其秘诀，答曰：“惟不听妇人言耳。”得到元璋高度评价的这句话到了晚明就遭到了谢在杭的痛批，谢氏曰：人心不同自乃天理，隐忍包涵、中离外合，图一虚名，哪里比得上分居各得其愿？

海瑞之清廉，名闻天下，但谢在杭一语惊人：贪者嗜利，矫者嗜名，海瑞亦有近诈者。海瑞临终之前，人往探望，海瑞卧草席上，无被无帐，以妇人裙蔽之。谢氏反诘：海公官居二品，二品之禄难道还不够买一布帐？此种批评正代表了一种新的价值观。

佛道教的世俗化使僧道之道德水准下降。名士王思任游历寺院甚多，感叹“天下名山，寺领之，天下名寺，僧领之，天下名僧，势与利领之”。时有谚云：“不交僧与道，便是好人家。”晚明四大高僧均与官府往来，其中万历年间的高僧紫柏真可更是三进京城，最后因矿税事牵连入狱，审案官员诧曰：你是高僧，如何不在深山修行？缘何来京城中，交结士夫，干预公事？

累世同居自古传为美谈，宗法伦理原则也受到了法律的支持，《大明律》即规定，“凡祖父母、父母在而子孙别立户籍、分异财产者，杖一百”。明代中后期此风渐渐瓦解，父子别居、兄弟分家并不鲜见。文人们也公然为家庭小型化作理论辩护，如袁君载曰：每见几代同居之家，纠葛甚于路人，本求甚美反成不美，所以兄弟分家，宜早有所定，如果彼此相爱，既使异居异财，“亦不害为孝义”。

无法抗拒的世俗化

城市的魅力不可避免地侵蚀着农村，但还是有人顽强抵挡。加拿大学者卜正民在一份明后期修撰的广东缪氏族谱中，就发现族长坚决反对城市生活，他定下族规：“累世乡居悉有定业，子孙不许移家。”又警告说“乡中有十分利”，只有避寇的时候才准暂居城中，否则“住城三年后，不知有农桑，十年后不知有宗族”。

缪族长在族规中规定了亲戚间的礼尚往来的细节：一年顶多两次，每次花销不能超过一钱银子。重大礼仪场合所收礼物的回馈，更有精确的回礼标准：收到一个猪头，要送一钱银子作为回礼；收到两只鹅和一坛酒，要回礼银三钱；收到一只羊和一坛酒，要回礼银五钱；收到一头猪和一坛酒，要回礼银一两。如此精确，体现出生产和消费完全没有分开的乡村特色。

商人在中国经济和社会中的地位到了明代后期得到显著提高。徽州商人在占有重要地位的盐、棉贸易和典当业中力量雄厚。据《嘉定县志》，因为徽州商人在嘉定的影响太大了，以致当他们为了躲避当地匪帮的一次地方保护性诈骗行为而撤离嘉定最大的市镇南翔镇时，该镇的经济迅速崩溃。

余象斗是个商人，但属于新型产业即出版商。他刻印的书中，目录后均是自己的肖像。他本非读书人，但书中的余象斗坐在庭园里的书桌前，左手处摆着几卷书，面前还放着一本，已经打开，右手边摆放着砚台和两支准备好了的毛笔，一副即将开笔的架势。屋外，一个女佣在打扫园子，一个男佣正在煮着茶水的火炉旁扇火。书籍，优雅的庭园，考究的家具，精美的陶瓷茶具。这几个意象构成了想象中的新型商人形象。

明代首辅中颇多富豪，如嘉靖朝就有严嵩和徐阶，万历朝则有张居正和申时行。但徐阶和申时行的财富实则远在后遭清算的严嵩和张居正之上。于慎行分析原因认为，徐、申二人家在江南，易于经营，如徐阶就“多蓄织妇，岁计所积，与市为贾”，而其他地区要想致富则只有“积聚”也。于氏之言可备一说，但身为首辅，贸易发家，是否也会受惠于其特有身份，其中有无吏治腐败之阴影？

追求声色享受的世俗化不可抗拒，《万历野获编》称，自嘉靖末年以来，“士大夫富厚者，以治园亭、教歌舞之隙，间及古玩”。以致清初人感叹，前明缙绅中即使素负清名者，其华屋园亭，也“无不揽名胜，连阡陌”。

第四章　与海为敌

朱元璋所建立的明王朝处于14至17世纪。现在，有了一点全球眼光的中国人终于知道，在这一段历史里，世界面貌发生了剧烈而深刻的变化。随着西方航海家的“地理大发现”，世界市场逐渐形成，西方大踏步地跨入了近代社会，而我们却把辽阔的海洋拱手让给西方，关起门来寻找一种虚幻的安全感。所以一个叫博克塞的人，说了这样一番让我们听来哭笑不得的感谢话：“要感谢中国皇帝孤立的海禁政策所造成的刻意缺席，使得葡萄牙人能在毫无东方海权的抗衡下，以惊人的速度成为印度洋上的主宰者。”明朝的海禁，正是中国积弱的源头。

李约瑟的困惑

英国学者李约瑟潜心钻研中国科学史，他在著作中说中国的落后是从明朝后期开始的，而此前的中国古代在包括科技等许多方面曾经遥遥领先于世界上其他国家。而在李约瑟之前，于16世纪末来华的传教士利玛窦，刚刚感叹“中国无所不有，糖比欧洲白，布比欧洲精美……”不久，便看到中国人在自然科学方面与当时的欧洲之间存在的巨大差距，他在和人通信中得意地表示，自己已经“用对中国人来说新奇的欧洲科学知识震惊了整个中国哲学界”。

与其说中国在国际竞赛中的落伍发生在明末，倒不如说是因为到了明末，中西文明才给了像利玛窦这样的有心人一个比较的机会。严格地说，中国在明初就已经没有什么优势了，至少可以认定，中国在明末掉队的深层原因应该追溯到明初。

宋元两朝积极发展海外贸易，中国的舰船制造技术也走在了世界前列。元末陈友谅攻击朱元璋部队占据的南昌城，陈的大船上下三层，高与城齐，每层都有走马棚，整船可载军士高达三千人，住在上下层的人互相听不见说话，那一幕真让人印象深刻。

朱元璋所建立的明王朝处于14至17世纪。现在，有了一点全球眼光的中国人终于知道，在这一段历史里，世界面貌发生了剧烈而深刻的变化。随着西方航海家的“地理大发现”，世界市场逐渐形成，西方大踏步地跨入了近代社会，而我们却把辽阔的海洋拱手让给西方，关起门来寻找一种虚幻的安全感。所以一个叫博克塞的人，说了这样一番让中国人听来哭笑不得的感谢话：“要感谢中国皇帝孤立的海禁政策所造成的刻意缺席，使得葡萄牙人能在毫无东方海权的抗衡下，以惊人的速度成为印度洋上的主宰者。”

自明王朝建立，在整个洪武年间，每过两三年就有朱元璋重申海禁的记载，而且一次比一次严厉。为了防止沿海人民入海通商，元璋晚年主持制订的《大明律》不但禁止百姓出海，而且连人民造船都有苛酷的规定，造得稍大一些，就是违法！

沿海居民以海洋为生，但元璋为消除海禁的隐患却要强行移民，迁其入内陆。信国公汤和规定“午前迁者为民，午后迁者为军”。岛上居民一时难以在规定时限内筹集到那么多船只，只好“编门户、床箦为筏”，淹死者众。

大海让人迷茫

“明祖定制，片板不许下海”，元璋的这些思想和措施都被立为“祖训”，要后世子孙奉行不渝。在元璋身后，海禁终明之世在一段时间内有所松动，但始终未予完全废除。

实行海禁，对内易，对外难，为了安抚和笼络其他国家，于是又有了“朝贡贸易”，即允许其他国家以官方名义带一点商品过来，又在中国换一点东西回去。来华的人员、时间、所带的商品品种和数量都有非常严格的限制，这其实已经不是什么贸易了，因为其本身全无经济意义，尤其从经济价值上分析，中国完全是“亏本买卖”，别人“朝贡”的东西值不了多少钱，而我们的“赏赐”却格外丰厚，这就是所谓的“厚往薄来”。

元璋为什么要实行海禁？有人说是为了防御倭寇，但史料早已证明，“倭寇”的首领及基本成员其实大部分是中国人，即海上走私贸易商人。而商人之所以要冒险到运用武力和强大的国家机器对抗，要害在于朝廷的海禁政策断送了他们的财源，也就是说，是海禁酿就了大规模的海盗集团，而并非海盗的肆虐催生了海禁政策。

又有人说因为胡惟庸通倭，企图里应外合造反，所以逼得元璋禁海。殊不知在胡案爆发之前，元璋就已经在进行海禁。通倭不过是元璋强加给胡惟庸的一项荒唐的罪名罢了。

还有人说元璋禁海出于“自恃中国是天朝上国，无所不有，不需要外国商品”的自大心理。这是把元璋当成了乾隆。两人的气质迥然不同，与其说元璋在对外交往，尤其是与海洋国家打交道中，有一种自大的狂妄心理，毋宁说他多的倒是对海洋的深深恐惧。

长久在内陆生活的人，初见浩瀚的海洋，都会有一种眩晕感。而对一个企图控制他人的统治者来说，其心理就愈加微妙。海洋在他眼里，太不可测了，如果在此之前，他还对自己拥有的力量信心满满，现在他却陷入了迷茫。

就元璋个人而言，对海禁的困惑又还有一些现实的因素在加深他这种沮丧的感觉。元末元璋削平群雄，濒海的一支力量方国珍部虽然多数投降了他，但还有部分则扬帆海上，继续与他为敌。对陆地上的负隅顽抗者，元璋可以穷追猛打除恶务尽，可是面对海洋，他却只有望洋兴叹，海洋所勾起的，是一种既恼怒又恐惧还无奈的情绪。

关门获得的虚幻安全感

在明朝之前，元朝大军远征日本，因突起的飓风几乎全军覆没，也使元璋印象深刻。所以，尽管日本国王曾经多次在外交文书中使用挑衅性语言，这个一向过分敏感的皇帝还是一忍再忍，并颁布祖训，把日本等“海外蛮夷”列为“不征之国”，一再告诫子孙不要对海外用兵。

明朝着力于海防，加之明朝前叶西方触角未及伸展到东方，中国人还是获得了一定的安全感，但明中叶以后，这种安全感则越来越不可靠了。嘉靖三年，到澳门开拓东方殖民地的葡萄牙人就对明王朝的海军作了这样轻蔑的描述：“帆船上只装有小型的铁火铳，而无铜火铳，火药也很糟糕……他们的武器主要是竹枪、矛，……有时人们看到上百艘船围攻一艘海盗船，这些船顺风抛撒石灰粉，以迷盲敌人。因为他们数量众多，可产生一些效果。这就是他们的主要战术。”

中国海洋力量为什么衰落得如此之快？根源还是在于海禁。因为严禁中国商人出海贸易，民间发展舰船制造技术和远洋水平的动力完全消失。

元璋竭力加强海防，海禁也是这种努力的一部分，然而海禁却又从事实上严重削弱了王朝的海防。这是一个悖论，但迷恋家天下的人无论如何也参不透它。

元璋智商很高，为什么会做出缘木求鱼的蠢事？一言以蔽之，一种出于个人和家天下需要的隐秘的目的遮住了他的双眼，这个目的就是他不希望任何臣民脱离于他的强力控制之外。他对百姓、对民间深深疑虑，他要遏制民间智慧和力量，而不是激励、支持民间智慧和力量的发展。他根本不懂得，没有民智的发达和民间力量的壮大，他要建立强大的海防，就是无源之水、无本之木。

关起门来的朱元璋住在深宫里，终于不需面对变幻莫测、让他眩晕的大海了。他寻找到了一种安全感，可惜，事实证明，这种安全感只是建立在他个人的臆想基础之上。

说海禁是元璋所规定的朱明王朝的家法，也许马上会有人质疑，因为明成祖时期，三宝太监郑和的七下西洋不是中国航海史上空前的壮举吗？郑和下西洋所凸现的赫赫武功不妨赞扬，但这和明王朝的海禁几乎是互不搭界的两件事，因为“海禁”的要害唯在于禁止民间出海通商耳。

郑和下西洋：与民间无关的盛举

明成祖时期的郑和下西洋，史所艳称。称颂这一壮举无可厚非，不过不能忘记，就在郑和下西洋的同时，明成祖仍然“严禁民间海船”，据《成祖实录》，他严令“原有海船者，悉改为平头船，所在有司，防其出入”，平头船焉能搏风击浪？

兴师动众的郑和下西洋的目的何在？或曰为了寻找被明成祖推翻而下落不明的建文帝，或曰意在耀我国威，总之，它只是一项与商业和贸易没有什么关系的官方活动。

许多人在为明王朝未能将下西洋继续进行下去而大感遗憾，可是，一项耗费巨大、缺乏经济内驱力的官方活动，真的能够长久维持下去吗？从世界航海史就可以看出，正是因为有丰厚利益的召唤，才激发了冒险家们的贪欲，从而促进了航海业的发展。

没有社会基础、缺乏经济原动力的郑和下西洋不仅注定难以维持，由于耗资过于庞大，还让民众背上了沉重的负担。它的被停可以说势在必行。

成化年间，太监向宪宗建议再下西洋，但郑和七下西洋积累的档案资料却遍觅不获，兵部尚书（相当于今之国防部长）责问，兵部侍郎（国防部副部长）刘大夏顶了他一句，说昔日郑和下西洋，“费钱粮数十万，军民死且万计”，这是弊政啊，做大臣的理应谏阻才对，不见了就不见了吧。此议遂无果而终。

刘大夏烧毁了郑和七下西洋的档案资料，而被后人称为阻碍中国航海事业发展的“保守派”代表。刘大夏实在够冤枉的。皇帝和宦官们希望恢复下西洋，不过欲在海外搜罗奇珍耳。仅仅为了供他们个人享受，就让民众付出巨大的财产和生命代价，有责任感的大臣都会坚决反对。刘大夏所以为一代名臣。

以为当时恢复下西洋，中国的航海业就不会停滞，不过是今人误解历史条件而滋生的一种想当然。没有经济内驱力的推动，没有民间力量的参与，没有民间智慧的勃发，就一定没有航海事业的发达，这已经为世界航海史所证实。

对中国的航海事业而言，郑和空前的七下西洋，就成了可怜的“回光返照”，只剩下了这样一种积极的意义：提醒后来居上的外国人，切莫因为中国后来的封闭，就轻视中国人曾经在海洋上取得的骄人成绩。

李约瑟博士为我们愤愤不平地说：“中国人一直被称为非航海民族，这真是太不公平了。他们的独创性本身表现在航海方面正如在其他方面一样。”可是，叫屈，无论外人还是我们自己，有什么用呢？

朝贡贸易：只要面子不要里子

嘉靖年间，明世宗下令，“不许制造双桅以上大船，并将一切违禁大船，尽数毁之”，“查海船但双桅者，即捕之”。这对沿海居民来说堪称釜底抽薪。在禁海的具体措施上，朱元璋子孙的“智慧”还在代代进步。

日本贡物，明政府皆以高价给值，如日本刀剑，当地价格不过八百文至一千文，而明朝政府给价五千。景泰五年，财政拮据，阔不起来的明政府以市场现价给值，日人所得银两减了70%多，使臣不满，“乞照旧给赏”，景帝曰“远夷当优待之，加铜钱一万贯”，日人犹以为少，再加绢五百匹、布一千匹。日本使臣仍不悦，“终怏怏去”。

受惯了优待，外邦贡使到中国后往往胡作非为。宣德四年，琉球贡使在福州，对接待人员需索无度，稍有稽缓，就恣意打骂；西域贡使自甘肃抵京师，沿路军民递送，使臣回国，则以赏赐所得换成本国所需货物，仍由官府派人派车载运，多者至百余辆，人手不足还要征用妇女。这就是朝贡贸易的真相。

万历二十八年，意大利传教士利玛窦来北京，亲见皇帝赏赐给外国贡使的大量物品，“这些赏赐远远超过他所收的礼物的价值，他们把收到的钱用来购置中国商品，然后拿到他们本国出卖，获利很大”，商业文化发达国度里走出的人，对毫不介意亏本与否的交易难免大惊小怪。

佛郎机（葡萄牙）人自嘉靖三年始即与东南沿海居民进行走私贸易。福建同安文人林希元在文章中说：佛郎机之来，皆以其特产胡椒、苏木、象牙、香料等与我边民贸易，“其价尤平”，他们的饮食日用品要向我们购买的，如米面猪鸡等物，“其价皆倍于常”，故边民皆乐与交易。林还特别强调，其“未尝侵暴我边疆，杀戮我人民，劫掠我财物”。

海禁森严，“番舶几绝”，广东经济大不堪。嘉靖八年新任广东巡抚林富奏请广东撤禁，奏疏中说：广东财政对商税极为依赖，“番舶不至则公私皆窘”。朝廷接受了林富的奏请，广东的朝贡贸易于嘉靖九年复开。“自是佛郎机得入香山澳（澳门早称‘香山澳’）为市。”

嘉靖二年，因为对中国的贸易获利实在丰厚，日本国内细川、大内两家竭力争夺贸易主导权，引发了“宁波争贡事件”。细川氏以一宁波人充副使，其熟知中国国情，先用重金贿赂市舶太监，市舶司破例在检查贸易品时把先期到达的大内氏船推迟，安排宴会时又让细川氏使节居上座。“两夷仇杀”，殃及沿途民众。事件发生后，惹祸的太监没事儿，政府内部主张更加严厉海禁的官员倒是找到了把柄，管理对外贸易的机构市舶司被撤。

“东南髓膏竭矣”

嘉靖二十六年，朱纨任浙江巡抚兼提督浙闽海防军务，“革渡船，严保甲，搜捕奸民”，下海捕鱼亦在严禁之列。靠海吃饭的福建人骤失重利，虽士大夫家也感不便，纷纷攻击朱纨。朱纨愤言曰：去外国盗易，去中国盗难，去中国濒海之盗犹易，去中国衣冠之盗尤难。

福建双屿港是当年由商人自发形成的一个贸易港口，在朱纨之前一度达到极盛，朱纨率军攻占后为了消除后患，又因为驻军不便，采取聚木石填塞港口的办法，使这样一个天然良港完全失去了作为贸易港口的条件。

御史弹劾朱纨妄杀，朱纨慷慨流涕，说即使天子不想让我死，闽浙人也必杀我，何必等他人下手呢？遂仰药死。开罪了强大利益集团的朱纨死于非命，朝野为之太息。自朱纨死，罢巡视大臣不设，“中外摇手不敢言海禁事”。

《明史•朱纨传》，一曰其人“清强峭直，勇于任事，欲为国家杜乱源”，二曰“执法既坚，势家皆惧”。朱纨的确是一个刚直、廉洁、能干且极富道德使命感的官员。可是最大的悲剧就隐藏在这里：朱纨个人越刚直、廉洁、能干，传统儒家的那种道德使命感越强，当时取得的效果越显著，他对社会进程的逆作用就越大。

为促进中西方交流而作出了巨大贡献的徐光启评价朱纨说，朱公冤则冤矣，但海上实情实事果未得其要领，当时处置也未必尽合事宜。这就提醒我们，有强烈的道德使命感，个人有良好的操守和能力，可如果认不清世界大势，其发挥的作用也许会很大，但放在历史长河中去考察，这种作用很可能只是在努力拉车后退。

禁止民间海上贸易，助长了走私，特别是那些手握权力的人获利更大。即使是在海禁最严厉时期的洪武年间，福建兴化卫指挥李兴、李春，也曾“私遣人出海行贾”。学者沈德符总结海禁之弊时说：我朝书生不知军国大计，动辄就说“禁绝通番，以杜寇患”，殊不知海禁愈严，则获利愈厚，“而奸民愈趋之”。

嘉靖年间围剿“倭患”，据统计，首尾七八年，破城十余座，掠子女财物数百千万，军民死者不下数十万……“天下骚动，东南髓膏竭矣。”政策失误酿就的灾难，从来都是小民埋单。

王直：逼出来的“倭寇”

嘉靖三十五年，王直拥众十余万纵横海上，人称“倭寇王”，实为从事海上贸易的徽州商人。其人本姓汪，汪为徽州大姓，“为贾于杭绍间尤多”，因从事海上走私，为家属安全计，隐瞒真姓。若干年后，几个日本人为感谢王直为打通中日贸易所作的贡献，于安徽为其立碑，被爱国青年毁之。当年是倭寇，现在是汉奸，爱国青年的觉悟与明王朝同步了。

《明书•汪直传》载，王直“威望大著，人共奔走之。或馈时鲜，或馈酒米，或献子女”。就连抗倭的朱纨也愤愤不平地说，三尺童子居然也把海盗当作衣食父母。胡宗宪则分析称，倭寇动辄以千万人之规模深入内地，端赖奸人接济，“济以米水，然后敢久延；济以货物，然后敢贸易；济以向导，然后敢深入”。

吞并另一走私集团之后，独步东南沿海的王直曾向政府请求开禁，允许与日本展开正常贸易。王直称如果朝廷愿意赦免，他和他的部队将发挥“与人同利，为国捍边”的作用。也就是说，民间得到贸易之利，国家则得到海上安全。后因明政府食言，王直遂称王。

给日本人卖命出卖中国利益，这是视王直为汉奸的一大罪状。可惜没有任何证据证明王直受日人操纵，相反倒有不少材料说明，真倭受王直等人指使，替王直卖命。

利用倭寇是王直集团反明的手段。日人轻生敢斗，明军畏之如虎。嘉靖三十四年二月，一县城报事人飞奔入城，说“我来了”，守城人误听为“倭来了”，于是“举城鼎沸，守城兵皆弃戈而走”。

为了吓唬明军，王直一些部下剃发冒充日本武士。官军渐知之，但还是愿意把王直的部队称为“倭夷”，原因就在于斩倭寇首级可以得到重赏，“明知中国人而称倭夷，以讹传讹，皆曰倭夷，而不知实为中国人也”。

负责剿倭军事的胡宗宪也是徽州人，伪装重视乡谊，出王直家人于狱，好生优待。王直感戴，上书请降，并表示“成功之后，他无所望，唯愿进贡开市而已”。王直于嘉靖三十六年底归降，随即被下狱，受骗后的王直大呼：“吾何罪！吾何罪！死吾一人，恐苦两浙百姓。”嘉靖三十八年十二月，宗宪斩王直于杭州。王直余众愤恨异常，谓明廷“不足信，抚之不复来矣”。海上安全形势更为复杂。

“倭寇王”王直接受招抚后，胡宗宪询及学者唐枢，唐枢曰：中外贸易难以禁绝，海禁只能禁止本国本分的百姓，海禁愈严，贼伙愈盛。如果使有力者合法从事海上贸易而无异心，一般平民也自能各安本业。

终归破产的“海禁”

明王朝从外地抽调官军至东南沿海抗倭，称为客军。可惜客军是来做客不是来打仗的，其索军饷急如星火，打起仗来遇敌则溃，抢劫百姓则明火执仗。民谣曰：“宁遇倭贼，勿遇客兵。”“倭来犹可，兵来杀我。”

万历二十年，日本丰臣秀吉侵朝鲜，明朝出兵，中日两国议和。明神宗册封丰臣秀吉为日本国王的诏书中写有“万里叩关，恳求内附”等语，丰臣得书大怒。但册封使节回国后却隐瞒真相，反捏报丰臣表示恭顺，又在日本买了许多物品，诡称系日本馈赠，分送要人，甚至还伪造了丰臣的谢恩表。但日军并未撤退，并密谋大举。战事升级，直到丰臣死亡才得弭兵。此役前后七载，明朝丧师数十万，靡饷数百万。

万历时福建长乐人谢杰分析倭寇缘由：“市通则寇转为商，市禁则商转为寇，始之禁商，后之禁寇，禁愈严而寇愈盛。”不是说“片板不许下海”吗，可是试看海上，艨艟巨舰反蔽江而来；不是说“寸货不许入番”吗，事实是“子女玉帛恒满载而去”。严厉的海禁，导致“海滨人人皆贼”，“诛之不可胜诛”。

明穆宗隆庆五年，西班牙人占领马尼拉，与早已在那里的中国商人发生矛盾。发生了中国海商巨头林凤袭击马尼拉事件，明朝政府不但不助林凤，反与西班牙人合击。明史学家张维华感言：林凤南犯吕宋（菲律宾），未必不可视为英雄殖民海上之壮图。如果林凤立国吕宋，华人在菲岛之势力必将雄厚，而于华人殖民南洋之事业大有裨益。

明王朝与西人共驱林凤，给西方殖民者吃了颗定心丸。原来寄居菲岛的华人渐渐成了西班牙人屠戮的目标。崇祯年间，马尼拉两度发生西班牙统治者首肯的大规模屠杀华人事件。据统计总共有近四万华人在马尼拉郊区遇害。

解决倭患的关键之举，并非戚继光、俞大猷等名将的“平倭”战争，而是朝廷政策之更张。隆庆元年明穆宗及其辅政大臣主张实行比较开放灵活的政策，取消海禁，准许人民航海前往东洋、西洋贸易，所谓“倭患”也就烟消云散了。东南沿海的私人海上贸易进入了一个新阶段。

崇祯元年，东南沿海巨盗郑芝龙受朝廷招安，海上从此太平。升为福建总兵的郑芝龙于泉城安平镇筑城，旗帜鲜明，戈甲坚利，守城士兵之军饷都懒得向官府讨要。再有海盗逃入大海，官府一纸通令，郑芝龙“取之如寄”，“故八闽以郑氏为长城”。巨盗成为国防长城，不能不说，这是一个双赢的结果。

第五章　大厦将倾，亡国镜像

在内外双重压力之下，风雨飘摇的王朝终于为两线作战耗尽了国本。不是亡国之君，却遭亡国之祸，时乎命乎？崇祯帝的最后挣扎，官僚集团的持禄保位，李自成、张献忠的傲不畏天，土崩瓦解之际的鸟兽群散，共同构成了一幅亡国之镜像。反思明亡，或称亡于君暗，或称亡于党争，或称亡于民乱，或称亡于阉党，或称亡于士人之清谈、异族之强项、朝政之腐败、士风之败坏，不同的视角自有不同的答案。

力图奋发的朱由检

熹宗死，因无嗣，传位给同父异母弟朱由检。由检入继大统，如临深渊，其念念不忘的是入宫前熹宗皇后即皇嫂的秘密告诫：“勿食宫中食！”好歹岳丈大人给他袖中藏了几个自家做的麦饼，聊以度日。

入宫第一夜朱由检秉烛夜坐，一巡视太监佩剑走来，由检取其剑假意把玩，后置于桌上，许诺重赏。又命近侍太监取酒食犒赏禁卫人员，顿时欢声雷动。特殊时刻，皇帝也要拍拍属下的马屁。

朱由检于凝重的氛围中即位，是为崇祯皇帝。崇祯初登大位，魏忠贤即荐绝色女子四名，崇祯顺水推舟接受，搜身未发现可疑之物，唯见各人都在裙带顶端佩香丸一粒，大小如同黍子，嗅之诱人，原来是撩拨男子性欲的“迷魂香”。亟命毁弃。

某晚，崇祯与大臣议论朝政后正在静心思考，忽有奇香幽幽传来，似有若无，缕缕不绝，使他这个不好女色的人也“闻香心动”，近侍秉烛检查却毫无所得，最后望见远处殿角有微弱之火星。原是一小太监持香端坐于复壁内，回复称为魏忠贤所遣。崇祯叹曰：皇考皇兄皆为此误。

崇祯初，翰林出身的吏部尚书郑以伟入阁拜相，其读书过目不忘，而票拟非其所长，尝言：“吾富于万卷，窘于数行，乃为后进所藐视。”官员奏疏中有“何况”二字，此公误以为人名，拟旨提问，经皇帝驳改方醒悟。从此正途出身者为崇祯所轻，阁臣不再专用翰林矣。

天启二年状元文震孟，后为崇祯做日讲官（即每日讲论经义），最严正。时大臣数被逮系，震孟讲到《论语》“君使臣以礼”一章，反复规谏，崇祯即降旨出几大臣于狱。崇祯听讲偶失态跷起了二郎腿，刚好讲到《尚书》中的《五子之歌》，其中有“为人上者，奈何不敬”等语，震孟边讲边看崇祯的脚，崇祯赶紧用衣袖遮掩，悄悄将腿移下。

魏忠贤被发配到凤阳，一路招摇，崇祯大怒，派员前去扭解押送，忠贤得报后于旅店辗转反侧。邻居一书生即兴作《挂枝儿》长词，将忠贤从得势到失势的全过程吟咏成诵，从一更天到五更天，每一更作一段，其五更之唱词曰：“随行的是寒月影，吆喝的是马声嘶。似这般荒凉也，真个不如死！”忠贤即羞愤自缢。

名列魏党“五虎”之一的崔呈秀罢归原籍，忠贤死，自知无法幸免，遂在家将所藏各式金银珠宝器物尽数取出，罗列于堂，与众姬妾呼酒痛饮，喝完一杯即毁一宝物，宝物毁尽后投缳自尽。

魏忠贤害人太多，被害者亲属不断上血书泣冤，崇祯抚慰之余，也同时宣布“血书原非奏体，以后悉行禁止”。这话没有说错，血书终究不是政治之正轨。

卧不安枕的辅臣

因为争入阁，礼部尚书温体仁攻击大有入阁希望的礼部右侍郎钱谦益，并抓住崇祯深忌臣下结党的心理，说为钱辩护者“自树为党”。四川道御史王相曰：温欲以一“党”字塞言官之口，为今后申救钱谦益者预先扣上一顶结党的帽子，而安知不救钱谦益不攻温体仁者，岂不成了温体仁之党？

温体仁攻击其他大臣结党，正中崇祯之脾胃，因为这恰为崇祯之大忌。体仁的结党之说既深启圣疑，故体仁被攻击得越厉害，在崇祯眼里就越是臣下结党营私的证据。抗清义士夏允彝论朋党曰：“精神智术俱用之相顾相防”，而国事则不暇顾矣。

劣迹昭彰的温体仁升任首辅，舆论哗然。京师民谣曰“皇帝遭‘温’了”。又曰：“内阁翻成妓馆，乌龟王八篾片，总是遭瘟。”乌龟，温体仁系乌程籍归安人，王八谐王巴，辅臣王应熊四川巴县人，篾片，指奉行两人意旨，毫无主见的辅臣吴宗达也。

温体仁的风格，据《明史》本传，其若欲排陷某人，则故意宽假，激怒皇帝非加重谴不可，而崇祯不知。嘉靖时期的奸相严嵩，若欲救某人，必先顺帝意痛诋，然后婉曲解释，如果想打压，则先赞其人，而夸奖的地方恰是皇帝忌讳处，因此“移帝喜怒，往往不失”。奸臣之心法可谓一脉相承。

温体仁居首辅后，所引同列皆庸才，盖非此不足以显自己之优长并固上宠也。

贾继春先附阉党，崇祯即位，知忠贤必败，驰疏弹劾群小。帝定逆案，继春不在名册中，崇祯问故，辅臣言继春虽反复无常，但其持论间有可取。崇祯曰：“唯反复，故为真小人。”继春得刑三年，后自恨死。

温体仁于崇祯朝辅政数年，自知朝士多与为怨，因此红包不入门，专心以廉谨邀上宠。

崇祯帝问辅臣周道登：“宰相须用读书人，当作何解？”周瞠目结舌：“容臣等到阁中查明回奏。”帝脸有愠色，少顷，又问：“近来诸臣奏内多有‘情面’二字，何谓情面？”周退无所退，硬着头皮复云：“情面者，面情之谓也。”等于什么也没说的回答让同僚匿笑不已。不久即罢归。

明朝辅臣位尊，因罪被杀者极少。而崇祯连杀两人，薛国观被赐自尽，“准取殓”的圣旨迟迟不予发出，尸体被吊两昼夜，史书称为“从来未有之惨”。

若隐若现的亡国征兆

崇祯年间河患日亟，大臣奏曰“皆水利不修之故”，帝问：水利何为不修？大学士们回奏：水利是东南第一大事，但修理需要用钱。帝默然，徐曰：“要修水利，可扰民否？”分明是怕用钱，但如果说成不愿因此扰民，即使水利不修也能心安理得矣。

国家设立驿站专为军情及各处差遣命官之用，但日久徇私舞弊成风，用于公务者仅占十分之二，而且于常例食宿供应之外还要敲诈勒索。崇祯决定裁撤驿站，用意虽好但引发了驿站民夫的失业潮。计六奇《明季北略》说，陕西、山西一带地少土瘠，失去驿站生计者遇上荒年，“遂相拥为盗，而全陕无宁土矣”。李自成即此次失业大军中之一员。

崇祯时，归德有胥吏与生员互殴，太守偏袒胥吏，一日而夺六秀才功名，一郡为之哗然，数百人集于孔庙，向至圣先师哭诉，声彻数里，太守不得已，对自己手下的胥吏们大大责罚了一番，秀才们方转怒为喜。

崇祯二年，原首辅、阉党顾秉谦之家被昆山民聚众焚掠。秉谦年八十，仓皇窜渔舟得免，乃献窖藏银四万两于朝，寄居他县而死。秉谦居朝不公，居乡又不仁，自有应得之咎，然聚众焚掠，已见法纪之摇动矣。

崇祯元年，吏科给事中韩一良上奏：皇上平台召对，有“文官不爱钱”一语。然今之时代，何处非用钱之地；今之世人，又何官非爱钱之人？皇上您是否知道文官不得不爱钱的理由吗？“彼原以钱进，安得不以钱偿？”

崇祯六年，帝召见群臣，痛责“未用一官，先行贿赂，文武俱是一般”，曰：“近闻选官动借京债若干，一到任所，便要还债。这债出在何人身上，定是剥民了。”借债当官，当官发财，本息兼收，当官俨然已成一投资捷径。

崇祯年间，宣大总督卢象升冬季巡视山西边防，时值隆冬，胡风朔雪，刺骨寒心，“每点一兵，有单衣者，有无裤者，有少鞋袜者”，不禁叹曰：“微臣马上重裘，犹然色战难忍，随巡员役，且有僵而堕马者。此辈经年戍守，身无挂体之裳，日鲜一餐之饱”，“不觉泪从心底出也”。明初朱元璋引以为傲的“养兵百万不费民间一粒粟”的军队屯田制度，可见至此破坏已极。

安内还是攘外？

毛文龙孤悬于皮岛，对清兵有掣肘之用，遂因此虚冒军饷不听节制。督师袁崇焕设计擒杀，上疏向朝廷报告，“文龙大帅，非臣所得擅诛”，陈述了杀文龙的理由后发誓：“臣五年不能平奴，求皇上亦以诛文龙者诛臣。”崇祯大惊，但正倚重崇焕之际，隐忍未发。崇焕之祸伏于此矣。

崇祯中清人反间计而杀袁崇焕，处以凌迟酷刑。据张岱《石匮书后集》所记，行刑时每割肉一块，京师百姓即从刽子手中夺取，以钱买其肉，生吃，顷刻立尽。开膛出其肠胃，百姓群起哄抢，得其一节者，和以烧酒生啮，血流颊间；拾得其骨者，以刀斧碎之，骨肉俱尽。“止剩一头，传视边疆。”当年崇焕妄杀文龙，现在崇祯妄杀崇焕。自崇焕死，边事更无人才，明亡征兆已现。

为应对东北兴起的建州女真，崇祯三年，赋税按亩加征，谓之“辽饷”。兵部尚书梁廷栋为“辽饷”辩解说，今日百姓虽穷，“然不穷于辽饷”，因为“一岁之中，阴为加派者不知其数”。吏治败坏，任何一个名目都可以成为官员敛财的机会，崇祯亦叹曰：“加派之征，势非得已，近来有司复敲骨吸髓以实其橐。”

对崇祯政府而言，满洲武装南下所显示的外患，蔓延的流寇驰骋中原的内忧，孰先孰后？兵部尚书杨嗣昌进言“必安内方可攘外”。他打比喻说，边境烽火好比肩臂之外的病症，而流寇祸乱则病在腹心之内，既然政府无力两头兼顾，则“必安内方可攘外”。

两线作战危机已现，崇祯与陈新甲密议与满人谈和，戒其勿泄。大臣渐知之，苦无证据。一日，新甲所遣议和人员向其报告谈判情况，新甲读毕随手置于茶几之上，家僮误以为塘报，付之传抄。与异族委曲求和，这还得了，清议哗然。崇祯切责之，而新甲不引罪反自诩其功。帝遂斩新甲于市。

兵部尚书陈新甲与清兵秘密议和事机泄露，新任首辅周延儒明知这是皇帝之意，却不愿挺身担责，从此圣眷渐衰，后与人谈及延儒时说：“朕恨其太使乖！”有人透露此语给延儒，延儒一声苦笑：事如此英主，不使乖哪行！

陈新甲小有才，崇祯一度甚为倚重，杀之不过因其未守机密，且彰主过。新甲死，给事中沈迅力诋之，崇祯曰：让你来作新甲，恐更不如。迅惭而退。

先安内后攘外的政策本已取得奇效，由于满人叩关，北京城又迫近边塞，崇祯遂放弃安内方针，调集多年从事围剿的精锐部队于边疆，已经穷途末路的李自成、张献忠得以重振旗鼓。李张之成事，真得感谢满人，尽管最后他们还是死在了满人手上。

“与其坐而饥死，何若为盗而死”

民变之源陕北大灾，民初采蓬草而食，草尽则剥树皮，树皮尽又掘山中石块而食。其石名青叶，味腥而腻，少食辄饱，不数日则腹胀下坠而死。不甘于食石而死者遂相聚为盗。有司捕获，恬不知畏，曰：“死于饥与死于盗等耳，与其坐而饥死，何若为盗而死，犹得为饱鬼也。”

崇祯三年，陕西民变四起，帝下诏曰，不募集军队不能平贼，不增赋税则军饷不济，稍稍加点吧，“累吾民一年”。于往年常额之外所加的这一种税谓之“剿饷”，说好一年而止。直到崇祯十二年，“饷尽而贼未平”。

崇祯某日责臣，忽然电闪雷鸣，意稍解；张献忠杀俘，将杀之，忽雷雨晦冥，献忠仰头怒骂：老子杀人，关你屁事！架大炮向天轰击。说也奇怪，天气须臾转晴，献忠遂恣意屠戮。一畏天一不畏天，前者玩不过后者。

左良玉与张献忠战，献忠大败，眼看追及，献忠遣人持重金说良玉曰：献忠不死，公才会为朝廷所重，一旦没有了献忠，公价值何在？良玉纵之去。献忠遂入川，更不可制。

左良玉为李自成所逼，退至武昌，向分藩于此地的楚王乞二十万人军饷，说“我为王保境”，楚王不应。良玉遂纵兵大掠，火光照江中，二十余日始去，武昌居民登蛇山远望，为重生而雀跃，满城欢呼“左兵过矣”。

熊文灿巡抚福建，成功招抚海上巨盗郑芝龙，遂以为天下事易与。崇祯欲用其平定民变，乃派太监借采办事前往打探。欢宴之中，太监言及中原寇乱，喝高了的熊文灿慷慨激昂，击案骂曰：诸臣误国！若是文灿，岂能令鼠辈如此嚣张？太监起立曰：太好了！“非公不足办此贼”，皇帝正有此意。文灿舌挢不下。

张献忠假意接受官军招抚，委曲求全，备受勒索。崇祯十二年五月，献忠于湖北谷城重举反旗，于通衢大道张贴公布索取贿赂的官员姓名、数量与日期。又郑重宣告：不受献忠金者，唯襄阳道王瑞旃一人。

崇祯五年，官军追剿农民军入河南，其将使县令报功，县令苦无首级，将曰：“易耳！”少顷，即进人头千级，县令细察，其中有“庠士八十余人”。“庠士”者，生员也，读书人也，所以县令倒也认得，而其他首级中真“匪”果有几何？

明末官军纪律败坏骇人听闻。崇祯八年，户部尚书侯恂于致陕西三边总督洪承畴信中说：“贼来兵去，兵去贼来。贼掠于前，兵掠于后。贼掠如梳，兵掠如剃。总督之令不能行于将帅，将帅之令不能行于士卒。今日之事，其何以济！”“贼梳兵蓖”、“贼梳兵剃”遂成为明末之流行语。

“十八子，主神器”

明末农民军中起事最早、影响最大者号称“十三家”，其中除了死于争战和投降官军外，一半均为自家人火并。而于火并中胜出者，“农民起义领袖”李自成也。

李自成进攻北京之前，给据武昌称王的张献忠写了封“恐吓信”：当年我们的兄弟伙儿中，老回回已降，罗汝才、革里眼、左金王皆为我所杀，下一个就是你哪。张献忠恼怒至极，在部将面前大揭李自成当年走麦城托庇于自己的老底，算是找回了面子。

张献忠入成都，偶闻百姓嘴里冒出“张家长李家短”的俗语，大为高兴，立即给赏，说此乃“我家胜自成之兆也”，民惶然不知所对。

崇祯十二年夏，官军困李自成，部将多降，刘宗敏虽最骁勇亦渐动摇，自成知之，遂与其步入丛祠，顾而叹曰：人言我当为天子，何不试卜之？不吉，断我头以降，送汝富贵。结果三卜三吉。宗敏还，立杀其两妻，谓自成曰“吾死从君矣”，部下闻之，亦多杀妻子相从。自成复振。

举人李岩、牛金星投李自成，金星又荐卜者宋献策，上谶记曰："十八子，主神器。""十八子"者，"李"也。自成大悦。李岩又劝自成："取天下以人心为本，请勿杀人，收天下心。"自成从之，军纪稍好，屠戮略减。

李岩为李自成造谣词曰："迎闯王，不纳粮。"并教儿童传唱。六字琅琅上口，又富利益诱惑，从自成者乃日众。似乎没人追问：有没有一个政权可以不靠征粮而生存？

李自成军攻城，迎降者一律不杀，守一日则杀居民十分之三，二日杀十分之七，三日则尽屠之。一旦城陷，步兵万人环绕堞下，马兵巡查，无一人能免。

黄日芳两妾，崇祯末年，流贼突至，二人相谓曰："城必不守，我两人只有一死。"密缝内外衣甚固。城陷，赴水死。宣城徐贞女自杀之前，衣上下缝纫不见寸体。后尸体浮出水面，观者泣下。桐城钱秉镫妻，战乱中知不免，乃密缝上下服，抱女赴水死。女子自杀前密缝内外衣，成为一规定动作。

崇祯十七年正月初一，李自成于西安建国，国号大顺，改元永昌。明廷大学士李建泰代帝亲征，离皇城未远，县人即"漫视不为礼"。建泰乞食，县人曰："汝官为大明乎？为大顺乎？"诡对曰"大顺"，县人乃设食甚丰，饱餐而去。

非亡国之君，有亡国之祸

崇祯不甘为亡国之君，正因为此，不免“求治太急、用法太严、布令太烦、进退天下士太轻”。臣下进谏，分析边境形势何以日坏时痛陈，时势艰难、人多掣肘固为边臣难以建功之因，但也缘于皇帝功令太严、恩威莫测，与其做事获罪不如不做，虽无功亦不易获罪也。“故有人而无人之用，有饷而无饷之用，有将不能治兵，有兵不能杀贼。”

崇祯不信任边臣，乃用太监监军，太监们“多侵克军资”，“临敌辄拥精兵先遁”，诸将亦以听命于刑余之人为可耻，“皆无功”。

崇祯生性多疑，据《三垣笔记》所记，帝每阅章疏，必召皇太子同观，并为其点拨曰：臣下奏疏先要掌握其立意，这样才能明白娓娓纸上者往往只是他们的借用，毋为所欺也。崇祯骨子里既对官员不信任，自然只会从最早的诛除阉党渐渐滑到任用宦官一途，并自我辩解曰：文武各臣，我何尝不用？但因其“蒙”，只有勉强用内臣耳。

锦州是明朝在关外之军事重镇。清军进围，蓟辽总督洪承畴援之，双方血战，承畴兵败被擒，解到盛京，起初拒绝投降。皇太极之谋臣范文程前往劝说，二人漫谈今古，梁上灰尘偶落于承畴衣上，承畴轻轻拂去。文程即向皇太极报曰："承畴必不死，惜其衣，况其身乎？"后果降。

名将孙传庭为人所诬，系狱三年，后起为兵部左侍郎、陕西总督，守潼关，军新集，不利速战，务求固守，秦中士大夫为大军供应所苦，纷纷奏报"秦督玩寇"。没有清醒估计实力的崇祯干脆加传庭兵部尚书，改称督师，又赐剑，督其出战。传庭顿足而叹：我知道此去无返，但奈何，大丈夫岂能再对狱吏？遂开关出师，败绩，传庭死。传庭死，明朝再无坚城良将，明亡矣。

崇祯十六年十月，潼关陷，京城大门已失守，帝召问大臣，辅臣陈演言："贼入关中，必恋子女玉帛，犹虎入陷阱。"御史余应桂斥曰：按你这么一说，这坏事还成好事了？谁不知关中自古都是出壮士健马的地方，"贼得之，必长驱横行"，大臣怎能当着皇帝的面大言欺世？陈演股栗失色。

朝廷要求勋贵官僚们捐助饷银。太监徐高受命劝谕崇祯岳父、嘉定伯周奎，周奎始终不肯松口，徐高拂袖而起："老皇亲如此鄙吝，大事去矣！广蓄多产何益？"周奎最终捐了一万两。太监们各自在大门上贴出"此房亟兑"的条子，并摆摊出售古玩杂物，一副非典卖家当不可度日之架势，有人甚至在宫门上写打油诗："此处不留人，自有留人处"。后李自成从周奎家抄出银子五十多万两。

“尔三人何不幸而生我家？”

右佥都御史朱之冯于崇祯十七年巡抚宣府，三月，李自成陷大同，之冯集将吏于城楼，设元璋牌位，悬赏奖励将士，歃血发誓死守。但监军太监杜勋已经和总兵争着投降了，之冯大骂：杜勋你素为皇帝倚信，有何面目见帝？杜勋不答，笑而去。自成至，杜勋郊迎三十里之外。之冯登城太息，命左右开炮，默无应者，遂自起点火，则炮孔早为铁钉塞死，有人更从后拽其肘。之冯仰天大哭：不意人心至此！自缢死。

李自成军到，宣府总兵早为自成打好了宣传战，说不但贼不杀人，还免租免税呢。全城哗然皆喜，结彩焚香以迎自成。

杜勋降李自成后又随大军进攻京城，射书于城中招降。原来京城以为这厮早已殉国，皇帝为其建祠褒奖，至是乃以为鬼也。杜勋进京见帝，盛赞自成，劝皇帝早作打算。出城时对守城太监笑语：吾辈富贵自在。

崇祯十七年正月初一，帝接受群臣朝贺后留辅臣议事。辅臣提出库藏久虚，边费军饷刻不容缓，只有仰赖皇上内帑了，崇祯叫穷：“今日内帑难以告先生！”边说边潸然泪下。三个月后，李自成军入北京，后来撤退时，用骡马运走从四十多个地窖中搜罗来的金银高达三千七百万两。

李自成军进逼北京，时有南迁之议，并建议由大臣护送太子先行。给事中光时亨曰：诸臣意欲何为，难道想效仿唐肃宗灵武故事吗？唐时，玄宗避叛军逃往四川，太子李亨于灵武称帝。时亨之意盖指责主张南迁之大臣欲拥立太子架空皇帝也。这顶帽子够吓人的，南迁之议顿息。闯王进京，光时亨率先迎降。

北京内城陷落，崇祯要三个儿子马上改装，亲自为他们穿上旧衣，告诫道：王城破，你们就是小民，各自逃生去罢。又细致叮嘱："尔等切要谨慎小心，若逢做官的人，老者当呼为老爷，幼者呼为相公；若遇平民，老者呼为老爹，幼者呼为老兄，或称为兄长；呼文人为先生，呼军人为户长，或称曰长官。"临别泣呼："尔三人何不幸而生我家？"呜咽不能出声。左右皆痛哭。

崇祯十七年三月十九日晨，崇祯和司礼监太监王承恩同缢死于煤山。衣带有御笔血诏云："诸臣误朕，朕无颜见先帝于地下，将发覆面，任贼分裂朕尸，勿伤我百姓一人。"明亡。

附

明朝皇帝世系

（括号内为其在位之年）

朱元璋：年号“洪武”（1368—1398年），庙号“太祖”，谥号“高皇帝”；

朱允炆：年号“建文”（1399—1402年），庙号“惠宗”，谥号“让皇帝”；

朱棣：年号“永乐”（1403—1424年），庙号“成祖”，谥号“文皇帝”；

朱高炽：年号“洪熙”（1424—1425年），庙号“仁宗”，谥号“昭皇帝”；

朱瞻基：年号“宣德”（1426—1435年），庙号“宣宗”，谥号“章皇帝”；

朱祁镇：年号“正统”（1436—1449年），复辟后改元“天顺”（1457—1464年），庙号“英宗”，谥号“睿皇帝”；

朱祁钰：年号“景泰”（1450—1457年），庙号“代宗”，谥号“景皇帝”；

朱见深：年号“成化”（1465—1487年），庙号“宪宗”，谥号“纯皇帝”；

朱祐樘：年号“弘治”（1488—1505年），庙号“孝宗”，谥号“敬皇帝”；

朱厚照：年号“正德”（1506—1521年），庙号“武宗”，谥号“毅皇帝”；

朱厚熜：年号“嘉靖”（1522—1566年），庙号“世宗”，谥号“肃皇帝”；

朱载垕：年号“隆庆”（1567—1572年），庙号“穆宗”，谥号“庄皇帝”；

朱翊钧：年号“万历”（1573—1620年），庙号“神宗”，谥号“显皇帝”；

朱常洛：年号“泰昌”（1620年），庙号“光宗”，谥号“贞皇帝”；

朱由校：年号“天启”（1621—1627年），庙号“熹宗”，谥号“哲皇帝”；

朱由检：年号“崇祯”（1628—1644年），庙号“思宗”，谥号“烈皇帝”。

后记

写这样一本小册子纯出于一个偶然的动议。

缘于这一动议，使我有机会在写作关于朱元璋的小书之后，再次贴近朱明这个朝代。贴近的结果，至少使我对近年新出的关于明朝的一些出版物鸟瞰了一下，又得以重新阅读部分史籍和今人论著。人云“一分耕耘一分收获”，而今收获未必，但耕耘之过程亦足惬意了。

既然题为“微明史”，界定为“《明史》之微博版”，我的初衷是：拒绝戏说，却不能无趣，同时也不宜遗漏明朝大事和重要人物；微博体的缺点是难免碎片化，但合而观之，还应约略见出有明一代政治、经济、社会、文化演变之迹。这样一个要求说高不高，说低却也不低，我之实践何如，交由读者判断。

写作过程中最困难者在语言，因每一小段篇幅长不过三百字，必须简练，加之不忍完全割舍古人之华章，故努力保留史料的原汁原味，但也担心因此而给读者带来阅读之障碍。不夸张地说，整个写作就依违在这两种取向之间，最后只好取中庸之道，大致是，精彩且易晓的古书原文照抄，否则略加变化，间参己意，唯以不失真为原则。全书中也有一些起提示之用的论述性段落，其中多为本人的一得之见，未必正确，敬请批评。

感谢戴新伟、侯虹斌二位，使这本小册子有幸于《南都副刊》接受读者的提前检阅，也感谢刘志一兄为梓行面世所付出的辛劳。

黄波

2012年4月20日于广州